—

Martin Walser

Nietzsche lebenslänglich

Eine Seminararbeit

| Hoffmann und Campe |

1.Auflage 2010
Copyright © 2010 by
Hoffmann und Campe Verlag, Hamburg
www.hoca.de
Einbandgestaltung: Katja Maasböl, Hamburg
Satz: atelier eilenberger, Leipzig
Gesetzt aus der Sabon
Druck und Bindung: GGP Media GmbH, Pößneck
Printed in Germany
ISBN 978-3-455-40330-5

HOFFMANN
UND CAMPE

Ein Unternehmen der
GANSKE VERLAGSGRUPPE

Inhalt

Vorwort

Als ich meinen Computer fragte, wie oft Nietzsche bei mir vorkomme, antwortete er: 732 Mal. Ich darauf: Das könnte mich interessieren. Und er bediente mich bzw. mein Interesse.

Bald genug merkte ich, daß ich nie etwas über Nietzsche gesagt oder geschrieben habe. Ich hatte nie eine Meinung über Nietzsche. Es war immer ein begriffloser Umgang. Ich habe Nietzsche brauchen können. Geglaubt, daß ich ihn brauchen könne. Wie das vor sich ging, ist hier noch einmal festgehalten. Es waren Anrufungen. Bezeichnend ist schon, in wie verschiedenen Problem-Augenblicken ich ihn angerufen habe. Zitiert auch, aber noch öfter angerufen als zitiert. Ob im grob Politischen – die deutsche Teilung betreffend – oder im verästelt Geistesgeschichtlichen – Thomas Manns Versuch, ihn für den hauseigenen Ironiegebrauch zu mobilisieren –, es gab offenbar nichts, wofür ich ihn nicht herbeschwor, eben anrief.

Aber auch meine Romanfiguren kommen nicht ohne ihn aus. Die Fabrikantengattin Blomich im Roman *Halbzeit* sowenig wie der ganz in Nietzsche-Frequenzen lebende und leidende Lehrer Helmut Halm im *Fliehenden Pferd* und in der *Brandung*. Unwillkürlich sehe ich jetzt, daß es für mich keine Grenze der Nietzsche-Anwendung geben konnte. Aber das weiß jeder, der ihn dauerhaft liest, daß Nietzsche von nichts unberührt blieb. Und jede Berührung produzierte bei ihm ein Genauigkeitswunder. Deshalb darf man schamlos gestehen, daß er in unserer Sprache die mächtigste Verführung ist. Daß er dir in unzähligen Problem-Sekunden erschien, hat dazu geführt, daß du sozusagen dein Leben mit ihm verbracht hast.

Ich halte hier fest, was ich mit ihm anfing, wenn ich glaubte, ihn brauchen zu können. Um zu zeigen, was ich jeweils habe anfangen können mit Nietzsche, muß ich die Situationen, in denen ich ihn brauchen konnte, wiedererstehen lassen. Und zwar in den Texten, in die er hineinwirkte. Von 1957 bis heute. Unwillkürlich ergibt sich so eine Art Problem-Anthologie.

Es ist wohl verständlich, daß in dieser Sammlung von Nietzsche anrufenden Situationen die Verehrung maßgebend ist. Und, wenn das verständlich werden könnte, die Dankbarkeit.

Tagebuch 6.3.1957

Wahrheit in Liebe, Schmerz und Angst (oder Furcht).
Die Frage nach der Wahrheit, zuerst weglassen, es ist
doch für das Leben völlig sinnlos, ob etwas wahr oder
falsch oder Lüge ist, das Gewissen, und auf was es
reagiert. Wichtig ist zuerst, wie lange hält sich etwas
in der Zeit. Vielleicht ist sein Wahrheitsgrad daran zu
messen, wie lange es richtig ist, wie lange es stimmt.
Stimmt und richtig: aus der Musik (?) und aus der
Baukunst (?)

Lit.: Bergson, Kierkegaard, Nietzsche, Schopenhauer.
Und die Romane der Großen.

Halbzeit

Als man allein war, bei der Uraufführung des Schmerzes, da hat man sich jede Outrage erlaubt, man ist auf-
gestanden, auf und ab gegangen, Napoleon in der
Nacht vor Austerlitz, hat das Haupt, nicht den Kopf,
das Haupt hat man auf die Tischplatte gelegt, Cäsar
in der letzten Nacht, von Ahnungen gepeinigt, hat die
Stirn an die kühle Scheibe gelegt und hinausgeschaut
wie Nietzsche in Sils-Maria, kein Bild beschäftigte einen und tröstete einen mehr als zwei Sekunden, dann

war schon wieder eine neue Pose nötig, um das
Sensenrad, das im Bauch rotierte, ein bißchen zu ver-
nebeln.

∽

Was haben die Zwölftausend nicht alles dem Adal-
bertchen zu verdanken!

Sogar die Frühlingsreden der Gnädigen sind milder
geworden, seit es Adalbert gibt. Früher, wenn sie die
Packerinnen, die Besitzerinnen von Fließbandhänden,
die ganze weibliche Belegschaft unterm saubergefeg-
ten Aprilhimmel versammelte, immer kurz vor dem
1. Mai, dem gefährlichen Feiertag, wie hat da die
Gnädige gegen den Verkehr gewettert! Kommt mir
nicht im Herbst mit dicken Bäuchen, hat sie ins Mikrophon geschrien. Das Mikrophon sirrte, die tech-
nische Norm war der moralischen Empörung nicht
mehr gewachsen, das Menetekel hallte verzerrt von
den Fabrikwänden zurück, an die es projiziert werden sollte. Nietzsche beschwor die Gnädige, und
Malthus, die böse Brunst und ach, die Kaninchen-
natur der Proletarier, die den fürsorglichen, opfer-
bereiten, fortschrittlichen Unternehmern immer wieder ins soziale Konzept pfusche. Kondome werden
sich eure Kerle doch noch leisten können, wenn
ihr's schon nicht ganz und gar lassen könnt! Und
in den Werkbüchereien fehlten danach für einige

Zeit die Brockhaus- und Meyerbände Katastrophe bis Kristall.

∽

Bis zum Krieg hatte meine Mutter alles, was er hinterlassen hatte, in zwei riesigen dunklen Schränken aufbewahrt, die mit einer blaublumigen Tapete ausgeschlagen waren. Bevor man im dämmrigen Durcheinander dieser Schränke etwas sah, roch man den Duft des Aufbewahrten, einen Duft, der auf nichts einzelnes mehr schließen ließ, es waren die Jahrzehnte selbst, die man roch, und wenn ich 1914 höre, oder 1923, oder 1929 oder 32, dann habe ich sofort diesen Geruch in der Nase, den niemand kennt, der den Kopf nicht in diese zwei Schränke gesteckt hat, diesen Geruch von zu lange gelagerter Medizin, alt gewordenem Weihrauch, von Leder, das sein Pflegemittel ausgeschwitzt hat, von gilbendem Papier, Eisen und Kleidern, ein schwerer staubstumpfer herbsüßer Duft. Allmählich fanden sich dann die Augen im düsteren Durcheinander dieser Hinterlassenschaft zurecht. Kartons voller Seifenpulverschachteln, die mein Vater hat machen lassen, für ein neues Seifenpulver, das er selbst nach halbreligiösen Gesichtspunkten hatte herstellen wollen, es war aber nur noch das Verpackungsmaterial fertig geworden. Weiße Schwäne schwammen auf diesen Schachteln mit ausgebreiteten Flügeln in eine rote Sonne hinein, obwohl doch Schwäne die Flügel beim Schwimmen immer angelegt haben, Metallplättchen und Drahtringe, die den Körper oder die Seele oder beide von Spannungen und Krankheiten hätten befreien sollen. Die Schulterstücke des Vizefeldwebels, der er gewesen war. Sein Säbel, die rotsamtene Mütze des Einjährigen, bayrische Verdienstmedaillen, ein Ekazwo, Bruchbänder, Strohhüte, lederne Reisetaschen, ein grober sechsschüssiger Trommelrevolver und die verhängnisvolle Armeepistole 08 und hohe Stapel von gelben Zeitschriften eines Kriegervereins und noch höhere Stapel von Theosophie-Büchern, vollgestopft mit Zitaten, ein schön brausendes Durcheinander von Zendavesta, Christian Fürchtegott Gellert, Bismarck, Talmud, Thomas von Kempen, Konfutse, Nietzsche, Angelus Silesius, Upanischaden, Richard Wagner, Laotse, Epiktet, Dante, Bhagawadgita, Fichte, Franz von Assisi, Wildenbruch, Bibel, Goethe und Arianischen Meditationen. So hat er nach seinem Karma gesucht.

Tagebuch 20.4.1967

»Offenbar sitzt mein Kopf nur auf meinem eigenen
Hals nicht recht; denn jeder andere weiß bekanntlich
besser, was ich zu tun und zu lassen habe …«

Nietzsche.

Ironie als höchstes Lebensmittel
oder:
Lebensmittel der Höchsten

Goethe als Repräsentant des bürgerlichen Zeitalters:
auf diese 1832-1932-Rede lebt Thomas Mann jetzt zu.
Es ist die Goethe-Rolle. Die Nietzschetypen hatte er
mit Castorp überwunden. Schon in den Betrachtungen
legitimiert er das meiste seines konservativen Bestan-
des mit Goethezitaten. Auch Schopenhauer, Richard
Wagner und eine Art Nietzsche werden angerufen,
vor allem aber Goethe. Er kann Goethes Liberales beschreiben und sagen, damit hätte er sein eigenes Kon-
servatives beschrieben. Er kann für seine Volksmeta-
physik Goethes Wort »Volkheit« brauchen. Er kann
sich bei Goethe aber auch seinen »Einzelwesen«-Kult
legitimieren lassen. So verhaßt wie Goethe die Fran-

zösische Revolution – weil es doch vorübergehend
aussah, als hätte er mit seiner Adelskarriere einen Feh-
ler gemacht –, so verhaßt ist Thomas Mann der »Drei-
Punkte-Mann«, wobei ihm der Gleichheitspunkt immer der allerverhaßteste blieb: und das ist wohl der
demokratische Punkt schlechthin, von dem alles andere nur abgeleitet wird. Für Thomas Mann ist 1789
hauptsächlich »keltische Gleichmacherei«.

∽

Jetzt noch ein paar ready links: »... die Begegnungen
des großen Lebensfreundes mit Arthur Schopenhauer«
geben den Aufhänger: »Die überlieferte Szene bedeu-
tet eine wundervolle geistesgeschichtliche Konjunktur.
Goethe, Schopenhauer, Wagner, Nietzsche, – da ist er,
der Fixsternhimmel unserer Jugend, ... unsere Herkunft, auf die wir stolz sind, denn alle Herkunft, alles
Herkunftbewußtsein ist aristokratisch.«

Tagebuch 8.4.1976

Morgen fort. Nietzsche lesen in Graubünden. Nahe
am Südkamm.

Jenseits der Liebe

Einschlafen ist nicht drin, also tu was, sonst ...
    Was sonst?
Nichts.
    Drohst du?
Ja.
    Ich les' gleich was.
Aber sofort. Los. Mach. Mach jetzt.
    Was?
*Am liebsten eine Lieblingslektüre. Eine Lebensbe-
schreibung.*
    Ach ja. Ich weiß. Lichtenberg war bucklig. Aber
    dafür war er Lichtenberg. Mozart war schwind-
    süchtig, aber dafür war er Mozart. Dostojewski
    war Epileptiker. Aber dafür war er Dostojewski.
    Hölderlin wurde wahnsinnig. Aber vorher (und
    nachher) war er Hölderlin.
Nietzsche ...
    Schluß.

Über den Leser – soviel man
in einem Festzelt darüber sagen kann

Mein Leser, wenn es ihn gibt, hält es für unerträglich,
daß Deutschland in DDR und BRD auslaufen soll.
BRD und DDR können aber über ihr jetziges Un-Ver-
hältnis nur hinauswachsen, wenn unser historisches
Bewußtsein ein Bedürfnis nach Überwindung des Un-
Verhältnisses zeitigt. Wenn es den Machern des Ak-
tuellen gelingt, in uns das Bedürfnis nach Deutschland
zum Erlöschen zu bringen, oder wenn es ihnen ge-
länge, dieses Bedürfnis auf ein Deutschland wie gehabt zu dressieren, dann werden BRD und DDR
tatsächlich unsere Geschichte beschließen. Aber ich
glaube, es existiert ein historisches Bedürfnis, das
Katastrophenprodukt zu überwinden. Und ich glaube,
dieses Bedürfnis kann tradiert werden. Ich könnte
nicht einen einzigen praktischen Schritt nennen zur
Überwindung des tragikomischen Un-Verhältnisses
zwischen den beiden Deutschländern. Aber ich spüre
ein elementares Bedürfnis, nach Sachsen und Thüringen reisen zu dürfen unter ganz anderen Umständen
als denen, die jetzt herrschen. Und das kommt aus
Traditionen, an denen ich als Leser teilgenommen habe. Sachsen und Thüringen sind für mich weit zurück
und tief hinunter hallende Namen, die ich nicht unter
»Verlust« buchen kann. Nietzsche ist kein Ausländer.

Leipzig ist vielleicht momentan nicht unser. Aber Leipzig ist mein. Und ich war noch nie in meinem Leben in Leipzig. Aus meinem historischen Bewußtsein ist Deutschland nicht zu tilgen. Sie können neue Landkarten drucken, aber sie können mein Bewußtsein nicht neu herstellen. Dazu war ich zu lange Leser. Ich weigere mich, an der Liquidierung von Geschichte teilzunehmen.

Ein fliehendes Pferd

Als er einmal auf diesem hellen Kirman mit dem dunkelblauen Medaillon spazierengegangen war, hatte er nichts gegen die Vorstellung tun können, er führe an seiner rechten Hand einen Menschen von der Größe eines siebenjährigen Kindes und dieser Mensch sei Friedrich Nietzsche, aber in seinem vierzigsten Lebensjahr, aber reduziert auf die Maße eines Siebenjährigen. Und der hatte entsetzliche Angst vor Otto gehabt. Also hatte er sich richtig an Helmuts Hand geklammert.

ೲ

Zarathustra hatte er auf dem Bauch liegend gelesen. Snob, der er war, hatte er die französische Übersetzung gelesen. *Ainsi parlait Zarathoustra.*

Ein fliehendes Pferd

Theaterstück

Entschuldige, Helmut. Wir haben uns dreiundzwan-
zig Jahre nicht gesehen. Ich dachte einfach an früher,
du, uns allen voraus, mit Nietzsche und so. Hel, jetzt
schau nicht wie ein Rasiermesser bei Mondschein.

∽

KLAUS   Aber ja. Schon in der Schule, immer die
schmelzendsten Stimmungsbilder hingelegt. Und dann:
ausschweifendste Wortgebilde mit gänzlich interesse-
loser Stimme vorgetragen. Der hatte Formulierungen
drauf, Hel, wahnsinnig. Mit vierzehn *Zarathustra* gelesen. Im Leuze! Aber ja, Helmut, tu nicht, als hättest
du das vergessen. *Zarathustra* mit vierzehn, in der
Badehose, im Leuze. Er hieß bei uns nur der Leuze-
Nietzsche. Und zwar *Zarathustra* auf französisch!
Jawohl, Hel. So ein Snob war er. Ist er wahrscheinlich
immer noch.

KLAUS   Aber die Segelei findet statt! Ihr werdet sehen,
wie wir zusammenfinden, wenn das Boot uns wiegt.
Helmut, alles Schroffe, Unvereinbare … es ver –
flüch – tigt sich. Die Natur, Herr Nietzsche, vergessen
Sie nicht, aus was Sie sind, Herr Professor.

Höchste Schule

Maria Menz

Die Schreibende ist offenbar allein und fängt an, wie sie's gelernt hat, zu Gott zu sprechen. Sie tut das in den Tönen, die ihr zu Ohren gekommen waren. Daraus entwickelt sich in jahrzehntelanger Übung ihr eigenes Gedicht. Das stammt dann immer mehr aus der Erfahrung, die sie selber gemacht hat bei dem Versuch, Gott anzusprechen, sich Gottes auch nur im mindesten, bescheidensten, elendesten zu versichern. Hätte ihr das Resultat nicht irgendein Philosophiestudent im dritten Semester billiger liefern können? Nein. Sie hat sich aus sicherstem Grund nicht auf die bildzeitungshaft fortlebende Nietzsche-Parole, daß Gott tot sei, verlassen. Diese Parole ist als solche so unsinnig wie etwa der Satz: Steine sind herzlos. Vielleicht war Gott, als Nietzsche anfing, auf eine so groteske Weise zu einem bürgerlichen Leben erweckt und zur gewinnreichen Mitarbeit eingeladen worden, daß es dringend nötig war, ihn totzusagen.

Heines Tränen

Wären wir eine Disziplin, dann hieße die von ihm er-
oberte Permeabilität der Sprachmembran für persön-
liches Dasein längst der Heine-Faktor. Wir, anstatt die
Gabe zu nutzen, kehren den Tartuffe hervor, tunken
unsere sich besser dünkenden Rüssel in sein sensatio-
nelles Elaborat und nehmen uns heraus, anstatt über
uns, über ihn zu erschrecken. Ein Nietzsche nicht. Der
hat sich gefreut über die disziplinäre Gabe. Die deutsche Prosa neigt ja, wenn es recht hergeht, zur Häß-
lichkeit. Die hochdeutsche auf jeden Fall. Jeder weiß,
wenn er etwas schön sagen will, hat er plötzlich diesen zu erbarmungslosem Drahtverhau geronnenen
Sprachgeist im Mund und weiß nicht mehr, wie daraus noch das werden soll, was ihm gerade noch, so
schön drängend, in der Seele vorauslief. Unter dieser
Zähigkeitsdisposition muß man vielleicht gelitten haben, um, wie Nietzsche, von der Heineschen Errun-
genschaft begeistert zu sein.

Selbstbewußtsein und Ironie

Frankfurter Vorlesungen

Zum ersten Mal soll also das Negationsinstrument Ironie, das Nietzsche, zum Beispiel, nur dem Pädagogen zubilligen wollte, zu einem ganz anderen Gebrauch dienen, zum ersten Mal sehen wir es in dieser eigenartigen Lift-Funktion. Wenn Thomas Mann seine Ironie fassen will, dann tut er es oft mit der Nietzsche-Transformierung auf seinen eigenen Grad: indem er aus der Selbstverneinung des Geistes zugunsten des Lebens ein Hin und Wider, ein Sowohl-Als-auch, ein Nicht-nur-Sondern-auch macht, weil die Selbstverleugnung des Geistes nie ganz ernst gemeint sein könne und weil das Werben um das Leben hoffnungslos sei.

∽

Sowenig Fichte sein Reflexions-Schweben zur Ironie-Produktion bestimmt hatte, so wenig hätte Nietzsche an einer Verwendung seines Satzes zur Ironie-Patronage gelegen sein können.

∽

Und Thomas Mann: »Die Selbstverleugnung des Geistes kann niemals ganz ernst, ganz vollkommen sein.« So wird der knirschende Nietzsche-Ernst vom Ironiker ermäßigt. Damit sind alle Spannungen jeder Art, die bei Schlegel, Goethe, Nietzsche dieses Verhältnis noch gefährlich machten und lebendig hielten, auf die laxative Art ermäßigt.

Brief an Lord Liszt

Stellen Sie sich vor, alle hielten einen Mann meines Alters für Franz Horn, während dieser Franz Horn noch schwankt, ob er sich für Robert Bosch oder Nietzsche halten soll. Sollte ich nicht auch selber versuchen, mich für Franz Horn zu halten? Ich kann es mir befehlen. Aber die Kraft, diesem Befehl zu gehorchen, kann ich mir nicht einflößen. Ich wundere mich, daß es nicht allen Menschen genauso geht wie mir. Ich hoffe, es gehe anderen wenigstens ähnlich. Es wäre schlimm, wenn es nur mir so ginge. Es wäre schlimm, wenn es allen so ginge. Es kann sich keiner identifizieren mit dem, der er in den Augen der anderen ist. Aber bevor man sich nicht mit dem, der man für andere ist, identisch erklärt, hat man keinen ruhigen Augenblick. Das ist mein Fall.

Was ist ein Klassiker?

Ich will hinaus auf den höchsten Gebrauch, den man von Tradition machen kann. Ich will hinaus auf ein Zitat. Ein Klassikerzitat. Auf ein Klassikerdoppelzitat sogar. Ich will hinaus auf den Satz, mit dem Nietzsche seine Abhandlung *Vom Nutzen und Nachteil der Historie* für das Leben eröffnet. Nietzsche fängt mit einem Goethesatz an. Ich will hinaus auf den Goethesatz, mit dem Nietzsche anfängt: »Übrigens ist mir alles verhaßt, was mich bloß belehrt, ohne meine Tätigkeit zu vermehren oder unmittelbar zu beleben.«

Die uns beleben, die können wir brauchen, das sind Klassiker.

1984.
Wir täuschen die Welt. Wir tun so, als sei die deutsche Seele mit dem Psychopharmakon Marktwirtschaft abzufinden. Unsere Brüder in der DDR machen es so: sie lassen von ihrer Partei einen Internationalismus anfertigen, an den sie sowenig glauben wie die, die ihn erfanden. Die deutsche Seele, ob sie schwarz oder rot heuchelt, ist unglücklich. Wenn Brandt-Bahr-Stoph-Schmidt-Honecker wirkliche Schritte taten in dem nationalen Schmerzens-Gelände, das durch die Wiedervereinigungs-Phrasen des 17. Juni schon unbegehbar zu sein schien, dann hofften wir eben doch recht

deutsch, wir Unverbesserlichen. Honecker kommt!
Das war jetzt wieder so eine gefährliche Nachricht.
Ich war sofort aus dem zugewiesenen Armesünder-
Häuschen. Sofort entfalten dann wie giftige Blumen
die Wörter Thüringen und Sachsen und Nietzsche und
Naumburg ihre bös bezaubernde Kraft. Aber zum
Glück ist alles verhindert worden. Honecker ist nicht
da. Die deutsche Frage ist wieder in ihre reine Lippen-
gebetsform zurückgekehrt. Die *FAZ* hatte das letzte
Wort: »Schweigen ist das nationale Gold«. Ein einzi-
ger wollte diese September-Abtreibung zu einer wirk-
lichen Bewegung nutzen: Dr. Schily von den Grünen.
Wir sollen, sagt er, den Vorsatz zu unserem Grundge-
setz abschaffen, der uns die nationale Einheit als deutsche Hausaufgabe aufgegeben hat. Dr. Schily will rea-
listisch sein. Ich nicht.

Brandung

Rainer übergab ihm den Schlüssel für den Chevy. The
Chevy man can, dachte Halm und ärgerte sich darüber, daß sein Bewußtsein sich täglich mehr mit Wer-
besprüchen füllte. Er war den TV-Spots und -Spells
nicht gewachsen. Was sinnst du also, fragte Rainer. Ich
habe ein Nietzsche-Buch geschrieben, das niemand

haben will, sagte Halm, und ich begreife jetzt gerade, warum. Gratuliere, sagte Rainer.

∽

Ich wüßte etwas, rief Auster, Nietzsche! Unser Freund steht auf Nietzsche. Das interessiert mich. Wenn einer in Europa heute eine Nietzsche-Vorlesung ansetzt, hat er volles Haus, egal wer er sei, das schreiben mir meine Freunde. Mir muß man das erklären, sonst versteh' ich das nicht. Für mich ist Nietzsche nämlich der letzte Großversuch der philosophischen Magd, die Priester zu stürzen, um selber Oberpriesterin zu werden. Endlich war Auster zu Wort gekommen. Carol führte Elrod, der vom Krampf überfallen wurde, hinaus.

∽

Das ist brav, sagte ein Mann mit einer grauen, geradezu aufschäumenden Haarpracht. Professor Felix Theodor Auster, Philosophie. Er hat gerade von Halms Frau gehört, daß Halm ein Buch über Nietzsche schreibt. Er doch auch. Hier seine Adresse. Übrigens in walking distance vom Campus. Er sei gerade dabei, die Fahnen seines Aufsatzes Erst Nietzsche und dann Kafka zu korrigieren, für die Studi Tedeschi, er werde Halm eine Kopie davon machen lassen; in diesem Aufsatz habe er sich in einem abgefeimten understatement als Nichtnietzschefachmann bezeichnet; leider

könne er Nietzsche hier kaum anbieten, hier sei man
noch auf dem Soziologietrip. Vokabular statt Sprache.
In Europa werde Nietzsche jetzt zuviel zitiert, weil er
in den zwanzig Jahren davor zuwenig zitiert worden
sei. Mehr ist es ja nicht, das Geistesleben, als Zuviel-
und Zuwenigzitieren und Zitiertwerden. In Berlin sei
neulich ein Kollege, während er Nietzsche zitierte, tot
umgefallen. Ungefährlich sei es zum Glück nicht, das
Geistesleben. Für Verheiratete sollte man es sowieso
sperren. Oh, Leslie …, entschuldigen Sie mich, ich seh'
Leslie Ackerman, ich muß ihm eine Freude machen,
ich hab' seinen Dekadenz-Aufsatz zitiert im *Quarterly*,
das muß ich ihm sagen, inzwischen lösen Sie die ab-
solute Preisfrage: Was macht beliebter, Zitieren oder
Zitiertwerden? Bis später. Halm rief ihm nach: Den
Nietzsche-Aufsatz nicht vergessen und das Büchlein,
bitte! Auster blieb noch einmal stehen, drehte sich um
und sagte, geradezu schimmernd vor Ruhe: Werd' ich!
Dann hastete er fort. Aber man sah, beides stellte er
nur dar, die Ruhe und die Hast. Darstellen machte
ihm offenbar Spaß.

ᔕ

Halm genierte sich. Hatte er, trotz aller Vorsicht, zuviel Kino konsumiert? Seit er seine Nietzsche-Pläne
endgültig als gescheitert ansah, seit dem Tag, an dem,
nach sieben Monate dauerndem Schweigen, von jenem

Verlag, der für zuständig gehalten werden konnte, das Manuskript mit einem vorformulierten Ablehnungsbrief eintraf, der vermuten ließ, daß andauernd Hunderte gleich unbrauchbarer Manuskripte über Nietzsche eingeschickt wurden – anders wäre ja ein solcher Formelbrief überhaupt nicht zu erklären –, seit dem Tag war er vielleicht ein bißchen erschlafft, war manchmal sitzen geblieben bei einem Film, der ihn früher sofort verscheucht hätte. Er war anfällig geworden für diesen lösungsfreudigen, demiurgischen Kitsch.

Dich übernimmt sofort das Fernsehen. Du kannst dich darauf verlassen, daß dir da nichts zugemutet wird, was du nicht ertragen kannst. Das ist das schlechthin Wunderbare bei diesem amerikanischen Fernsehen: es paßt. Es rechnet offenbar mit den Erfahrungen, die du machst. Es kennt dich in- und auswendig. Es empfiehlt dir den Easy-Off Spray! Und breath deodorant! Das ist nicht die unangenehmste aller möglichen Erfahrungen: es muß Millionen geben wie dich, sonst wäre dieses Fernsehen nicht zu verkaufen. Life is better on TV than at your front door. Basta. Er würde, wenn er je wieder nach Sillenbuch käme, sein Nietzsche-Manuskript verbrennen. Er würde sich endgültig einreihen, wo er hingehörte, bei den Konsumenten. Verschwinden, das ist der Inbegriff der Erlösung.

In ihrem Arm konnte man sterben. Sabines Gesicht zeigte nur, was sie empfand. Daran konnte einem Sterbenden liegen. Hoffentlich durchsuchte sie zu Hause nicht seinen Schreibtisch. Die Vorstellung, daß Sabine den Brief entdeckte, mit dem sein Nietzsche-Buch abgelehnt worden war, konnte er nur mit dem Wunsch nach einer möglichst universalen Katastrophe beantworten.

∽

Sein Alterswerk heißt Sport. Wenn schon kein Buch über Nietzsche, dann doch eine Körperrenaissance sondergleichen.

Über Deutschland reden

... anstelle eines Arguments die Unterstellung eines Motivs, eines möglichst schlimmen natürlich. Ist also mein Deutschland-Interesse eine Wirkung neuester Bonner »Losungen«? Da muß ich jetzt über ein Jahrzehnt zurückgreifen und aus einer Rede zitieren, die am 30.8.1977 in nächster *FAZ*-Nachbarschaft, in Bergen-Enkheim, gehalten wurde und die seit 1978 gedruckt zu haben ist. Damals habe ich mich so zu fassen versucht: »daß es diese zwei Länder gibt, ist das

Produkt einer Katastrophe, deren Ursache man kennen kann. Ich halte es für unerträglich, die deutsche
Geschichte – so schlimm sie zuletzt verlief – in einem
Katastrophenprodukt enden zu lassen. Ich könnte
nicht einen einzigen praktischen Schritt nennen zur
Überwindung des tragikomischen Un-Verhältnisses
zwischen den beiden Deutschländern. Aber ich spüre
ein elementares Bedürfnis, nach Sachsen und Thüringen reisen zu dürfen unter ganz anderen Umständen
als denen, die jetzt herrschen. Und das kommt aus
Traditionen, an denen ich als Leser teilgenommen habe. Sachsen und Thüringen sind für mich weit zurück
und tief hinunter hallende Namen, die ich nicht unter
›Verlust‹ buchen kann. Nietzsche ist kein Ausländer.
Leipzig ist vielleicht momentan nicht unser. Aber Leipzig ist mein. Und ich war noch nie in meinem Leben
in Leipzig. Aus meinem historischen Bewußtsein ist
Deutschland nicht zu tilgen. Sie können neue Landkarten drucken, aber sie können mein Bewußtsein
nicht neu herstellen. Dazu war ich zu lange Leser. Ich
weiß, was gelaufen ist, bis es zu so etwas wie Deutschland kam. Ich weigere mich, an der Liquidierung von
Geschichte teilzunehmen. Wir alle haben auf dem
Rücken den Vaterlandsleichnam, den schönen, den
schmutzigen, den sie zerschnitten haben, daß wir jetzt
in zwei Abkürzungen leben sollen. In denen dürfen
wir nicht leben wollen. Wir dürften, sage ich vor

Kühnheit zitternd, die BRD so wenig anerkennen wie
die DDR. Wir müssen die Wunde namens Deutschland offenhalten.«

Ende des Redezitats aus dem Jahre 1977. Auch ein
prominenter *FAZ*-Redakteur kann nicht alles, ja, er
darf nicht alles wissen. Je weniger einer weiß, um so
infallibler ist er.

Die Verteidigung der Kindheit

Er stellte sich in Briefen also gern als edles oder ko-
misches Tier dar, aber nur die Mutter wurde auch in
der Anrede in diesen Ausdrucksbereich erhoben, zur
Schmähung oder zur Anhimmelung. Und wenn er sie
sein geliebtes Lama nannte, belehrte er sie, damit sie
wisse, wie hoch er sie hebe, daß so Nietzsche seine von
ihm sehr geliebte Schwester angesprochen beziehungsweise angeschrieben habe.

»Triumphieren nicht gelernt«

Der Schriftsteller Martin Walser über die
Intellektuellen und die deutsche Einheit

ROLF BECKER / HELLMUTH KARASEK Herr Walser,
vor drei Jahren haben Sie mit Ihrer Novelle *Dorle und
Wolf* und vor zwei Jahren in Ihrer Rede über Deutschland bekannt, daß Sie unter der deutschen Teilung leiden, daß Sie eine Art »Phantomschmerz« empfinden,
wenn Sie an Thüringen und Sachsen denken. Damit
standen Sie ziemlich allein unter den deutschen Intellektuellen, und Sie haben für dieses Bekenntnis viel
Kritik einstecken müssen. Triumphieren Sie jetzt nach
dem 3. Oktober?

WALSER Triumphieren habe ich nicht gelernt und
werde es auch nicht lernen. Mir ist einfach genau an
der Stelle wohl, wo mir vorher unwohl war.

BECKER / KARASEK Läßt sich dieses Wohlsein näher
beschreiben?

WALSER Wenn ich das Unwohlsein andeuten darf,
ergibt sich daraus vielleicht das Wohlsein. Es ist wahrscheinlich etwas ganz Unpolitisches. Und es hat natürlich eine lange Geschichte in einem selber; auch eine

Geschichte der Selbstunterdrückung gehört dazu. Ich habe in der Zeit, als ich den ersten Band von Blochs *Prinzip Hoffnung* gelesen hatte, da ich von Kindheit an religiös ein bißchen affizierbar war, dieses höchste marxistische Glockenläuten auch nicht ohne wirkliche Beteiligung angehört und aufgenommen. Aber die marxistische Staatsrealität war halt anders, und wenn wir sie persönlich in Augenschein nehmen konnten oder mußten, dann war es einem, gelinde gesagt, unangenehm zu sehen, wie es den Deutschen dort ging. Da war es kein Trost mehr, wenn die Politiker sagten, es handle sich um ein Provisorium. Ringsum nahm das Gefühl der Endgültigkeit zu. Dagegen hat sich mein Gefühl gewehrt. Also aktuelle Polit-Misere über den Verlust weit zurückreichender Vergangenheit. Jemand, zu dessen Kindheit Thüringen und Sachsen nicht dazugehörte wie bei mir, also weder Karl May noch Lessing, noch Nietzsche oder Richard Wagner oder die Wartburg, der kann dieses Gefühl vielleicht nicht teilen.

Des Lesers Selbstverständnis

Von eigener Erfahrung Gebrauch zu machen in einer wissenschaftlich sein wollenden Sache – das hätte ich nicht gewagt. Nachträglich kann ich halbwegs ermessen, daß Lesen eine Lebensart ist. Man kann, um sich zu begegnen, in den Spiegel schauen, auf alte und neuere Fotos, aber auch in ein Buch. Man begegnet sich da. Lesen ist nicht etwas wie Musikhören, sondern wie Musizieren. Das Instrument ist man selbst. Man spielt sich, spielt sich auf nach Noten Gogols, Dostojewskis, Nietzsches, Hölderlins. Auszudrücken, was dabei in einem passiert, setzt Ausdrucksfähigkeiten voraus, die man nicht entwickelt hat, weil sie nicht gefragt waren.

ഗ

Überhaupt, wie soll denn das praktiziert werden können: sich als Leser und als Berichterstatter der Leseerfahrung dem Risiko der Unwillkürlichkeit anvertrauen, dem nicht kommandierbaren Sprachgeist, der unwillkürlichen Erfahrung des »Sichselbstwerdens« durch Lesen und Schreiben, wie soll das denn bis zur stundenplanmäßig betreibbaren Aktivität entwickelt werden, wie überhaupt lehrbar? Ich überlasse die Beantwortung dieser Praxisfrage zuerst einmal Friedrich Nietzsche, der den Philosophen davor bewahren woll-

te, im Gelehrten zu enden. Auch der Literaturwissen-
schaftler hat zwei Wege: den zum Schriftsteller und
den zum Gelehrten. Und das sind nicht zuerst zwei
Sprachwege; zuerst sind es eher zwei verschiedene
Seinswege oder -weisen, die erst nachträglich zu zwei
verschiedenen Sprachgebräuchen führen. Führen können, nicht müssen. Die Einladung zur Existenzermäßi-
gung, die im Wort Sekundärliteratur enthalten zu sein
scheint, ist ablehnenswert.

~

In seiner Schrift *Schopenhauer als Erzieher* beschreibt
Nietzsche die Gefahr der jederzeit ausübbaren geisti-
gen Tätigkeit. Und aus dieser kritischen Beschreibung
ergibt sich, glaube ich, eine Wegweisung zu einer anderen Art Tätigkeit; zu der eben, die ich in meinem Be-
richt ein wenig zu propagieren versuchte. Also, Nietzsche als Wegweiser: »Frage: kann sich eigentlich ein
Philosoph mit gutem Gewissen verpflichten, täglich
etwas zu haben, was er lehrt? ... Muß er sich nicht
den Anschein geben, mehr zu wissen, als er weiß? muß
er nicht über Dinge vor einer unbekannten Zuhörerschaft reden, über welche er nur mit den nächsten
Freunden ohne Gefahr reden dürfte? Und überhaupt:
beraubt er sich nicht seiner herrlichsten Freiheit, seinem Genius zu folgen, wann dieser ruft und wohin
dieser ruft? – dadurch, daß er zu bestimmten Stunden

öffentlich über Vorher-Bestimmtes zu denken verpflichtet ist ... Wie wenn er nun gar eines Tages fühlte: heute kann ich nicht denken, es fällt mir nichts Gescheites ein – und trotzdem müßte er sich hinstellen und zu denken scheinen!« Also, in der schönen Vollmundigkeit des 19. Jahrhunderts: die »herrlichste Freiheit« sei die, daß einer »seinem Genius« folge. Diesen Genius hat jeder. Der spricht sich aber nicht in Vokabularen aus, sondern nur in der einem jeden eigenen Sprache. Die hat auch jeder, solange er diese »herrlichste Freiheit« nicht einem Hilfe versprechenden Vokabular unterwirft. »Seinem Genius« folgen, das ist das, was Novalis nannte, »in sich das zarte Wirken der Sprache« zu vernehmen, also eben nicht bei den Vokabularen unterzuschlüpfen. Man hat die Sprache nicht als kommandierbare. Sie ist das am wenigsten Verfügbare. Es sei denn, man sei Herr einer Manier. Sonst entsteht sie allenfalls und auf nicht beherrschbare Weise dadurch, daß man es riskiert, sich ihr anzuvertrauen.

Über freie und unfreie Rede

Eine erste Entspannung im Gewissenskampf versprach der Lateinunterricht. Heidnische Helden, heidnische Gedichte, Zeilen heidnischer Lebensfreude. Aber die Drohhorizonte, von denen mein Christentum lebte, hielten noch stand. Dann konnte ich ein Buch erwerben, das auf schwarzblauem Einband den Titel in goldenen Buchstaben präsentierte: Volks-Nietzsche. Es war der dritte Band einer Nietzscheausgabe, Inhalt: *Also sprach Zarathustra*. Willkommener konnte mir kein Buch sein. Im Ton anklingend an Psalmen oder Paulus-Briefe, aber inhaltlich ein Befreiungsangebot.

Die unlautere Gewalt

Eine ganze Jugend lang rannte ich aber doch süchtig in die Kinos, das heißt, ich fuhr dann mit dem Zug in die Stadt, ließ mich wöchentlich einmal von dieser parfümierten Welle bespülen, setzte mich dann wieder in den rohen Eisenbahnwagen dritter Klasse, ließ den Kopf an die Wagenwand sinken, schloß die Augen und wurde heimwärts gerüttelt wie andere Betrunkene auch.

Aber zu Hause hatte ich die Bücher, in denen ich

mich erholen konnte von den lähmenden Einflüssen dieser edlen Schönmache. Das Lesen erlebte ich als Tätigkeit. Ich fühlte mich gemeint und nicht nur kalkuliert. Ich glaube, erst als ich dann nach dem Krieg die Filme von Marcel Carné und Jean Renoir sah, merkte ich, daß Kino mehr sein kann als eine raffiniert kalkulierte Beeindruckungsgewalt. Der Film *Die Kinder des Olymp* war die erste Hilfe gegen die Gewalt des gemeinen Films. Vielleicht hat mich das am meisten gequält: ich spürte, daß diese Filme es nicht wert waren, daß man sich so hinreißen ließ von ihnen und sich nicht wehren konnte gegen sie. Vielleicht drei oder vier Jahre nach meiner Film-Premiere kam mir dann Nietzsche zu Hilfe, der für mich formuliert hatte: »Vielmehr blickt er mit einer Art von Ekel auf die Mittel und Mittler hin, welche hier eine Wirkung ohne zureichenden Grund erzeugen sollen ...«

Tagebuch 16.5.1996

Nietzsche: Die Regel ist mir immer interessanter als die Ausnahme – wer so empfindet, der ist in Erkenntnis weit voraus und gehört zu den Eingeweihten. Facta! Ja Facta ficta! Alle Historiker erzählen Dinge, die nie existiert haben.

Tagebuch 15.10.1996

Nietzsche: vitam impendere vero
  verum impendere vitae

Tagebuch 16.10.1996

So kaue ich jetzt Nietzschesprüche: vitam impendere
vero, verum impendere vitae. Als ich diese Wendung
Herrn Fuhrmann sagte, sagte er nach kurzem Über-
legen: Wenn das verum auch die Moral enthalte, heiße
das, man dürfe Juden erschießen, wenn es dem Leben
diene. Ich verteidigte: Der übliche Spruch (vitam impendere vero) führe doch nur noch zur Heuchelei. Das
lehnte er nicht ganz ab.

Umgang mit Hölderlin und darüber reden

Jetzt stelle ich fest, daß ich zwei Hölderlins beherberge:
den, der sich in mir gebildet hat durch den bloßen Gebrauch, und den, den mir der Philologe erschließt und
nachhaltig präsentiert. Ich kann mir außer Hölderlin
keinen Autor denken, der es in einem Leser zu einer

solchen Doppelexistenz bringen könnte. Aber wenn ich jene späteste Hymne, die angeblich dechiffrierbedürftigste, wenn ich *Mnemosyne* lese, merke ich, daß die angebotenen Hilfen für mich nicht alle gleichermaßen hilfreich sind. Adorno: »Das Dunkle an den Dichtungen, nicht, was in ihnen gedacht wird, nötigt zur Philosophie.« »Dies der Philologie sich entziehende Moment«, sagt Adorno, »verlangt von sich aus Interpretation.« Da ich immer die Ansicht vertrete, jeder lese beim Lesen seinen Text, darf ich nicht dagegen sein, daß der Philosoph, wenn der den Hölderlintext liest, glaubt, er brauche, um ihn zu verstehen, Philosophie. Nur, meinetwegen muß sich kein Philosoph um Hölderlin bemühen.

Hölderlin ist, finde ich, nicht dunkel. Heller als er ist überhaupt keiner. So hell wie er sind manchmal Kleist und Nietzsche. Mit hell meine ich durch und durch erlebbar, ein andauernder Triumph der Sichtbarkeit, der Daseinsdeutlichkeit, Miterlebbarkeit, das Äußerste an Geistesgegenwart, das die deutsche Sprache bist jetzt hervorgebracht hat.

Die Geburt der Tragödie
aus dem Geist des Gehorsams

Über Joachim Fest und sein Buch »Staatsstreich«

Nietzsche, der noch mittendrin in dieser Versittlichung des Gehorsams lebte, formulierte schon als Dreißigjähriger: »Ein Deutscher ist großer Dinge fähig, aber es ist unwahrscheinlich, daß er sie tut: denn er gehorcht, wo er kann ...«

Kaschmir in Parching

Deutsche Chronik

Auftritt Fritz
Guten Abend. Le grand regret de ma vie, que je ne parle pas français. Nietzsche. Wär doch maximal, wenn ich jetzt so schön, also so schnell Französisch spräche, daß ihr nichts verstündet und euch auch noch richtig schämen müßtet. Jeder Mensch, der nicht Französisch spricht, muß sich schämen. Wenn ich mich je entschließen könnte, Hochstapler zu werden, würde ich vorher Französisch lernen, daß meinen Auftritten wenigstens sprachlich eine grandeur naturelle eignete.

Nietzsche und mir geht es gleich. Aber ich werde an-
ders enden. Wenn ich dreiunddreißig bin, an einem
Karfreitag, werde ich vor einer Videokamera sterben.
Die Weltrechte sind schon verkauft.

Ein springender Brunnen

Romantitel aus »Also sprach Zarathustra«: »Das
Nachtlied«: »Nacht ist es: nun reden lauter alle sprin-
genden Brunnen. Und auch meine Seele ist ein springender Brunnen.«

Ich vertraue. Querfeldein

Natur ist der Inbegriff des Hiesigen; also des überall
Hiesigen. Hier darf ich mir von Nietzsche zurufen lassen: »Wir müssen wieder gute Nachbarn der nächsten
Dinge werden und nicht so verächtlich wie bisher über
sie hinweg nach Wolken und Unholden hinblicken.«
Nietzsche nennt es das »Gift der Verachtung gegen
das Nächste«, wenn wir uns vorzüglich um die
alleräußersten Horizonte bemühen.

Über die Schüchternheit

Je schüchterner einer ist, um so mehr setzen sich weniger Schüchterne gegen ihn durch. Er verhilft also anderen zu Erfolgserlebnissen. Und darf sich besser vorkommen als die, die sich ihm gegenüber durchsetzen. Das ist die ins Durchsetz- und Konkurrenzwesen eingebaute Trostmoral. Ein schwacher Trost, darf man sagen, sich moralisch besser vorzukommen. Schöner zu sein, innen und außen, das wäre nämlich sein Ziel. Und das ist ganz sicher das Gegenteil des Schönheitswettbewerbs, aus dem die Miss Universum hervorgeht. Der Schüchterne hat, glaubt er glühend, Schönheits-Chancen. Er ist mindestens so ehrgeizig wie der Durchsetzungstüchtige. Aber er will nicht über einen anderen triumphieren. Er will nicht der Allerbeste sein. Der Beste schon, aber nicht der Allerbeste. Er will vielleicht sogar, daß es keinen Allerbesten geben darf. Er ist wahrscheinlich erzdemokratisch gesinnt. Ostrakismos hieß es in Griechenland, Scherbengericht: einmal im Jahr stimmte die Bevölkerung ab, ob einer für zehn Jahre verbannt werden sollte, weil er eine Publicity hatte, die gegen die Freiheit des Gemeinwesens gewendet werden konnte. Weder Ehre noch Vermögen war davon betroffen. Nur jetzt fort mit ihm. Weil er sich so durchgesetzt hatte, daß er als der Allerbeste angesehen sein wollte. Also der Antischüchterne schlechthin. Fort mit ihm. Der Altphilologe Nietzsche bewahrt uns ein Beispiel, wie diese erzdemokratische Praxis in Ephesus funktionierte. Ein gewisser Hermodor wurde verbannt mit der Begründung: »Unter uns soll niemand der Beste sein; ist jemand es aber, so sei er anderswo und bei anderen.« Und Nietzsche kommentiert weise genug: »Denn weshalb soll niemand der Beste sein? Weil damit der Wettkampf versiegen würde und der ewige Lebensgrund des hellenistischen Staates gefährdet wäre ... Das ist der Kern der hellenistischen Wettkampfvorstellung: sie verabscheut die Alleinherrschaft und fürchtet ihre Gefahren, sie begehrt als Schutzmittel gegen das Genie – ein zweites Genie.« Für Genie können wir heute Star einsetzen. Der Star ist der Antischüchterne schlechthin. Er kann sich alles erlauben, also erlaubt er sich alles. So erfüllt er die Sehnsucht von Millionen Menschen, die sich auch gern alles erlauben möchten, aber sie schaffen's halt nicht.

Ein Lebenskunstwerk

Zum Briefwechsel Rudolf Borchardt –
Rudolf Alexander Schröder

Es wird mir nicht gelingen, die Sprachenergie oder den Geistesglanz oder die Existenzintensität oder den Gedankenwirbel oder die Geschichtsmächtigkeit oder die Formulierungswut oder den Verantwortungsernst oder die Verachtungspotenz oder die Nervenbizarrerie oder die Hochmutsgesten oder die Einsamkeitsgloriole oder den Menschenstolz oder die Verletzlichkeitskultur dieses einen Briefschreibers Rudolf Borchardt darzustellen. Rühmen reicht nicht. Schröder kriege ich eher hin.

Es war Borchardt, der immer wieder die Gesetzlichkeit dieser Freundschaft, ihre Fundamentalbedingung formulierte, und es war Schröder, der die bis zur gesetzmäßigen Gültigkeit gediehene Freundschaftserklärung dann mit Leben belieferte, mit dem unmittelbaren Gefühl. Ein bißchen schief ist diese Einteilung sicher, weil Borchardts immer glanzvolle Sätze über diese Freundschaft alles andere als empfindungslos sind, sie zeigen die Empfindung eben in ihrer geistigsten Version. Und zu unterstellen, geistig lasse sich nichts mehr empfinden, hieße zum Beispiel, die Sprachleidenschaften von Pascal bis Nietzsche nicht ebensosehr erleben wie verstehen zu können.

Streicheln und Kratzen

Der Dialog nach dem Interview.

w: Lieber Herr Luik, Sie sind hierhergekommen, wir haben neun Stunden geredet, das Geredete haben Sie mir dann schriftlich geschickt, ich war nicht einverstanden und habe vorgeschlagen, daß ich ein Interview schreibe. Stimmt das?

l: Das stimmt.

w: Also alles, was jetzt folgt, ist von mir geschrieben. Auch Ihre Antworten.

l: So ist es.

w: Ich liefere Ihnen jetzt schnell die Kurzfassung eines Vorgangs, einfach damit Sie sehen, ob ich mir das nur einbilde, daß der Zeitgeist alles zurichtet, wie er es braucht. Also: ein Intellektueller *(Frankfurter Rundschau)* entdeckt bei mir »heidnische Neuromantik«. Der nächste *(Zeit)* nimmt das auf, reiht mich zusätzlich noch ein »in die Schar der Spätschüler Nietzsches« (rein satzbaumäßig steht da, ich hätte mich selber eingereiht). Und: Nie hat mich einer so verletzt wie der von der vom Liberalblatt, der meinem Roman-Johann übelnimmt, daß der bei der Firmung, als er das Chrisam kriegt, ans Sperma denkt, also die zwei heiligsten Liquiditäten in seiner Seele zusammenfließen läßt. Und so was kann einem Kirchensteuerzahler verargt werden von einem Liberalmönch. Aber bitte, schließlich formuliert ein Mitglied des Zentralrats der Juden in Deutschland bündig: »Es war Martin Walser, der, zunächst weitgehend unbemerkt, im Oktober 1998 mit seinen öffentlichen Aussagen in gefährliche Nähe zu jener neuheidnischen, naturverhafteten Ideologie geriet, von der auch der Nationalsozialismus Teile seiner Weltanschauung herleitet.« Das wurde gesagt bei würdigstem Anlaß: 9. November. Im Jahr 2000. Und gedruckt wurde das in der *Süddeutschen Zeitung.* Überschrift: »Gezündelt hat er allemal.« Die *FAZ* findet zum Glück, daß es Neuheidentum gebe auch ohne mich. Zu spät. Ich hatte es schon geschafft, auf die Titelseite der Liberalzeitung zu kommen. Zu Recht sei ich, so Josef Joffe, vom Zentralrats-Mitglied wegen meiner »neuheidnischen Ideologie« »gegeißelt« worden. Sind Sie, lieber Arno Luik, schon einmal gegeißelt worden? Na bitte, wer nicht gegeißelt ist worden, kann doch überhaupt nicht mitreden. Nachträglich habe ich bei Peter Sloterdijk, der voll ist des brauchbaren Wissens, gelesen, Goethe sei von reaktionär katholischen Kreisen des Neuheidentums bezichtigt worden. Und Sloterdijk selber ist auch des Neuheidentums bezichtigt worden. Die Bezichtiger »stehen« jetzt aber immer links. Die Kirche muß sich richtig glücklich schätzen über diese Scharfschützenhilfe von links.

Die Aktualität des Daseins

Das Selbstgespräch, in dem sich das Innewerden des Daseins, seine Aktualität, vollzieht, wartet mit einem weit ins Asoziale reichenden Strom von Empfindungen und Gedanken auf. Unschön, nach landläufiger Bewertung, ist das meiste, was da aufkocht in einem. Also frische ich meinen Nietzschesatz auf, den ich gerade irgendwo als Motto gebraucht habe: »Diese meinen, die Wirklichkeit sei häßlich: aber daran denken sie nicht, daß die Erkenntnis auch der häßlichsten Wirklichkeit schön ist ...« Also, bitte. Auch das Denken des Schlimmsten ist dadurch, daß man es denkt, aufgenommen ins Erträgliche. Vielleicht sogar ins Schöne.

Illner und Walser

WALSER: Zehn Jahre war meine Nacht-Lektüre Kierkegaard. Der wurde abgelöst, und zwar in einer geradezu regierungswechselhaften Kraßheit, von Nietzsche, ... den ich viel früher gehabt hatte. Und jetzt habe ich das Gefühl, daß ich davon nicht mehr wegkommen werde.

ILLNER   Danke für das Stichwort.

WALSER   Der ist der einzige große Schriftsteller unter den denkenden Deutschen. Frei vom System-Jargon.

ILLNER   Also mir macht er ehrlich gesagt wirklich ...

WALSER   Ich habe gerade einen Aufsatz geschrieben, da habe ich einen Satz von ihm als Motto. Einen Nietzschesatz. Der heißt: »Und noch einmal: Es ist leichter, gigantisch zu sein, als schön.«

ILLNER   Na ja, also ich glaube, der ist wahnsinnig. Ich glaube, der ist wirklich wahnsinnig.

WALSER   Also Maybritt, sage ich, Kind, sage ich jetzt, es gibt keinen deutschen Denkenden, der so schön schreibt wie der.

ILLNER   Er will so schrecklich gigantomanisch sein.
Und das klingt so, wie soll man sagen … als würde er
so darunter leiden, es eben nicht jeden Tag 24 Stunden
nachweisen zu können, daß er Gigant ist.

WALSER   Das tut mir gut, Sie endlich vollkommen bedürftig zu sehen.

ILLNER   Also er ist arrogant.

WALSER   Nietzsche ist der … also wenn man das beschreiben will von außen mit Bildungswörtern, die
im Gebrauch sind, er ist ein Impressionist des Denkens. Er kann hinschauen, wo er will. In die Politik,
in die Natur, in die Industrie. Und du hast es noch
nie so schmerzlich genau gefaßt gesehen wie bei ihm.

SAHNER   Können wir ein anderes Thema anschneiden?

Über ein Geschichtsgefühl

Eine Zugehörigkeit muß man erleben, nicht definieren.
Auch die Zugehörigkeit zu einem Geschichtlichen hat
man nicht zuerst als Erkenntnis parat, sondern als
Empfindung, als Gefühl. So kommt es – wenigstens

bei mir – zu einem Geschichtsgefühl. Frage sich jeder selbst, ob er, wenn er versucht, das Wort Nation zu definieren, nach dem Definieren mehr weiß, als er vorher durch Empfindung wußte. Ja, wußte. Man kann nämlich durch Empfinden wissend werden.

Als ich in der Zeit der deutschen Teilung davon gesprochen habe, daß ich diese Teilung in meinem Geschichtsgefühl nicht unterbringe, kam die Antwort des gerade zeitgeistdiensthabenden Intellektuellen im *SPIEGEL*, den man nennen könnte den *FOCUS* des Zeitgeists: Denken konnte er ja nie. Ich bestehe trotzdem auf meinem Geschichtsgefühl. Diese intellektuellen Intellektuellen, wie ich sie nennen möchte, machen zwischen Fühlen und Denken den Unterschied, den die Kirche zwischen Leib und Seele machte. Das darf man inzwischen komisch finden. In der als rational berühmten französischen Sprache hat Vauvenargues formuliert: Les grandes pensées viennent du cœur. Und Pascal prägte: Raison du cœur.

Ich kann mir vorstellen, daß diese großbuchstabig sentenziöse Form einen praktizierenden Intellektuellen nicht beeindruckt, deshalb möchte ich, weil mir diese bei uns geübte Einteilung kritisierenswert erscheint, einen Helfer zitieren, der sich diesen Unterschied zwischen Denken und Fühlen in unserer Sprache vorgenommen hat, nämlich Nietzsche. In seinem Buch *Morgenröthe* sagt er, daß all unser sogenanntes Bewußtsein

ein mehr oder weniger phantastischer Kommentar
über einen ungewußten, vielleicht unwißbaren, aber
gefühlten Text ist. Also, bitte, das Bewußtsein nur ein
Kommentar zu einem gefühlten Text. Und ein paar
Jahre später, in seinem Buch *Die fröhliche Wissenschaft*:
»Es steht uns Philosophen nicht frei, zwischen Leib
und Seele zu trennen, wie das Volk trennt, es steht uns
noch weniger frei, zwischen Seele und Geist zu trennen ... Wir müssen beständig unsre Gedanken aus
unsrem Schmerz gebären und mütterlich ihnen Alles
mitgeben, was wir von Blut, Herz, Feuer, Lust, Leiden-
schaft, Qual, Gewissen, Schicksal, Verhängnis in uns
haben.« So, darf ich jetzt wohl sagen, entsteht unter
anderem auch ein Geschichtsgefühl. Wer als Intellektueller glaubt, er könne oder müsse gar über Nation
gefühlsfrei denken, den darf man wohl, mit allem
Respekt, einfältig nennen.

Tod eines Kritikers

Da man von mir, was zu schreiben ich mich jetzt ver-
anlaßt fühle, nicht erwartet, muß ich wohl mitteilen,
warum ich mich einmische in ein Geschehen, das auch
ohne meine Einmischung schon öffentlich genug geworden zu sein scheint. Mystik, Kabbala, Alchemie,

Rosenkreuzertum – das ist, wie Interessierte wissen, mein Themengelände. Tatsächlich unterbreche ich, um mich in ein täglich mit neuen Wendungen aufwartendes Geschehen einzumischen, die Arbeit an meinem Buch *Von Seuse zu Nietzsche*. Es sind eher die Vorbereitungen zu diesem Buch, die ich unterbreche, als die Arbeit an ihm. Inhalt: In die deutsche Sprache kommt der persönliche Ton nicht erst durch Goethe, von dem Nietzsche gierig profitierte, sondern schon durch Seuse, Eckhart und Böhme. Weil das bürgerlich Geschriebene unsere Erlebnis- und Fassungskraft besetzt hat, haben wir, das Publikum, nicht wahrnehmen können, daß die Mystiker ihre Ichwichtigkeit schon so deftig erlebt haben wie Goethe und wie nach ihm Nietzsche. Nur waren sie glücklich und unglücklich nicht mit Mädchen, Männern und Frauen, sondern mit Gott ...

∾

HH. Nur noch eins, und das nicht gesagt zu haben, würden wir uns beide vorwerfen, Nietzsche, auf den Sie hinschreiben, Herr Landolf, Nietzsche, das muß ich Ihnen zu bedenken geben, mein Guter, Nietzsche hat sich fürchterlich überschätzt, als er verkündete, die Umwertung aller Werte vollbracht zu haben, bürgerlich befangen, wie er nun einmal war, hat er nicht gemerkt, daß alles so weiterging wie immer! Die

Umwertung aller Werte – und nur darum hol ich
zum Schluß noch einmal jede Menge Atem –, die hat
André Ehrl-König vollbracht, und das nicht ganz ohne
meine Mitwirkung. Bei diesem epochalen Reinemachen
ist nur ein Wert übriggeblieben als der Wert aller Werte und außer ihm ist nichts: der Unterhaltungswert.
Quote, mein Lieber. Jeden Abend Volksabstimmung.
Die Demokratie des reinen Werts. Endlich. Quod licet
bovi non licet jovi.

Ilse-Frauke hatte praktisch jedes Wort durch Kopf-
nicken bestätigt und gebilligt. Adieu, riefen beide wie
aus einem Mund.

Das menschliche Ermessen

Im zweiten Buch über die Seele kommt Aristoteles,
nachdem er sich höflich mit den Unzulänglichkeiten
seiner Vorgänger beschäftigt hat, dazu, der Seele Ma-
terie nicht nur zu gestatten, sondern sie an sie zu bin-
den. Als ihre Form. Es bleibt allerdings überhaupt
ungut, wenn man Stoff und Geist zuerst in zwei
Wörter spaltet – meist ist ja die Tradition an dieser
mehr als Zeit raubenden Operation schuld –, um sie
nachher wieder syntaktisch-gedanklich zusammenzu-
schmelzen. Ich wurde also durch »Naturphilosophie«

erlöst von der Stofflosigkeitsdrohung der christlichen Seele. Es hatte natürlich (!) alle Erfahrungen und die aus ihnen genährten Instinkte beleidigt, daß mein Lebendigstes, meine Seele, aus etwas anderem gemacht sein sollte als mein Körper. Schließlich hatte mein christlich gebildetes Gewissen, diese Richterinstanz des Seelischen, oft genug mit Körperlichem zu tun. Und von Nietzsche, der in seinem unbändigen Frühwerk *Die Geburt der Tragödie aus dem Geiste der Musik* das Auseinanderdividieren von Körper und Geist eine »unphilosophische Rohheit« nannte, habe ich mich damals noch nicht ermutigen lassen können.

Aristoteles hat vielleicht geglaubt, mit dem Wort Entelechie habe er uns ein für alle Male die Irrwege der Körper-Seele-Trennung erspart. Mit dem Christentum hat er nicht gerechnet.

Damit mein Wunschdenken keine Papierblumenfabrikation werde, ist mir jetzt an einnehmenden Beispielen für die Vorzüge des Kleinen gelegen. Hubert Giersch ruft geradezu aus: »... die kleine reiche Schweiz und das große arme Indien.« Dazu noch Nietzsche in einem Brief: »In der Schweiz bin ich mehr ich.« A la Driesch hieße das: die Schweiz fördert die »Individualitätskonstante«. Dafür soll sie im Zeitalter des Fusionierungswahns überleben! Vier Sprachen zwischen den Bergen, eine schöne Umständlichkeit, und trotz Kleinheit überhaupt nicht leicht überschaubar. Und wo gibt es so viele Volksabstimmungen wie in der Schweiz? Wo wird der Wähler, also das Volk, so ernst genommen wie in der Schweiz? Und jeder hergelaufene Flachlandintellektuelle glaubt, sich über den helvetischen Eigensinn lustig machen zu können. So wohltuend es nach unserer Geschichte ist, Deutschland dieses und jenes Hoheitsrecht an der europäischen Garderobe abgeben zu sehen, so bilderstürmerisch käme es mir vor, die bis ins kleinste groß entwickelte Schweiz in der EU verschwinden zu lassen. Die Schweiz hat doch mit ihren vier Landessprachen schon ein Internationalitätsflair neben dem wir wirken wie eine Volkshochschule bei der Weihnachtsfeier.

∽

Längst fällig ist eine Nachricht von Nietzsche. Eine Kurzrezension des Frühwerks. *Die Geburt der Tragödie aus dem Geiste der Musik.* Der Satz, von dem ich hier schon ausgiebig Gebrauch gemacht habe, heißt bei Nietzsche: »daß nur als ästhetisches Phänomen das Dasein der Welt gerechtfertigt ist«. Während des Krieges 1870/71 hat der Sanitätssoldat Nietzsche das geschrieben, was er dann, 1886, »ein unmögliches Buch« nennt, es aber doch noch einmal herausgibt mit einem Vorwort, das er »Versuch einer Selbstkritik« nennt. Viel lehnt er da ab, Wichtiges polemisiert

er förmlich hinaus aus dem Frühwerk; daß aber das
Dasein der Welt nur als ästhetisches Phänomen gerechtfertigt ist, läßt er stehen und führt es noch fort,
radikalisiert es so, daß man, um das Frühwerk in
eigenen Dienst zu nehmen, gar nicht mehr nachbeten
muß, was die wilde Erzählung liefert: das Apollinische
und das Dionysische als ein ewig streitendes Paar
menschlicher Äußerungstriebe; zuerst wird in einer
nie in Harmonie ermattenden Ehe der beiden Triebe
(Nietzsche nennt sie so) die attische Tragödie geboren;
dann wirkt das Spannungspaar durch unsere ganze
Geschichte, um immer zu verhindern, daß das Dasein der Welt ins Nichtmehrzurechtfertigende gerate;
zum Beispiel ins Nur-noch-Sokratische, das wäre: die
Welt wird gerechtfertigt durch ihre Erkennbarkeit und
dadurch, daß das als gut Erkannte als lehrbar bewiesen wird; Sokrates wird da von Nietzsche wirklich
wild und ohne Bedürfnis nach Verhältnismäßigkeit
an den Himmel der Geschichte porträtiert; Sokrates
als der »Typus des theoretischen Menschen«, der je
nach Niveau mehr oder weniger kunstfeindlich aus-
fällt und agiert; aber Nietzsche erinnert sich und uns
dann eben doch noch daran, daß Sokrates im Ge-
fängnis seinen ihn besuchenden Freunden gesagt habe,
ihm sei jetzt im Traum öfters ein und derselbe Satz
gesagt worden: »Sokrates, treibe Musik!« Und das
teilt jener Sokrates mit, dem es doch immer so wich-

tig war, mitzuteilen, daß seine innere Stimme, sein Dä-
monion, immer nur abratend in ihm wirkt, nie aber
zuratend.

Diese wilde Erzählung ist alles andere als ein Text,
der sich durch Verständnis erschöpfen läßt. Das Dionysische wird zwar aus all seinen historischen und
mythischen Szenen herzitiert, aber es entzieht sich
sozusagen prinzipiell seiner verständlichen Darstell-
barkeit. Die Rolle des Apollinischen in der Kunst ist
leichter zu vermitteln. Nietzsche erzählt die Unfaßbar-
keit des Dionysischen. Auch in der Kunst. Und er
malt al fresco die Verlorenheit der Welt ohne Kunst.
Ohne das Schöne. Das Schöne, die einzige Rechtferti-
gungs-Chance der Welt. Das klingt in zusammenfas-
sender Sprachlosigkeit verstiegener als die verstiegen-
sten Passagen der wilden Erzählung selbst. Es ist mehr
als eine Erzählung, es ist eine Ausschweifung. Gerichtet gegen den sokratischen Optimismus, gegen »die
sokratische Lust des Erkennens« und den »Wahn,
durch dasselbe die ewige Wunde des Daseins heilen zu
können«.

Jetzt, 1886, nennt er sein Frühwerk »Artisten-Meta-
physik«, gerichtet gegen das lehrbare Gute, gegen »die
moralische Ausdeutung und Bedeutsamkeit des Daseins«. Dazu soll er so ausführlich zu Wort kommen
wie bei ihm nur Schopenhauer zu Wort kommt: »Hier
kündigt sich, vielleicht zum ersten Male, ein Pessimis-

mus ›jenseits von Gut und Böse‹ an, ... eine Philosophie, welche es wagt, die Moral selbst in die Welt der
Erscheinung zu setzen, herabzusetzen und nicht nur
unter die ›Erscheinungen‹, ... sondern unter die ›Täu-
schungen‹, als Schein, Wahn, Irrthum, Ausdeutung,
Zurechtmachung, Kunst. ... In Wahrheit, es giebt zu
der rein ästhetischen Weltauslegung und Welt-Recht-
fertigung, wie sie in diesem Buche gelehrt wird, keinen
größeren Gegensatz als die christliche Lehre, welche
nur moralisch ist und sein will und mit ihren absolu-
ten Maaßen, zum Beispiel schon mit ihrer Wahrhaftig-
keit Gottes, die Kunst, jede Kunst in's Reich der Lüge
verweist ... Hinter einer derartigen Denk- und Werth-
hungsweise, welche kunstfeindlich sein muß, so lange
sie irgendwie ächt ist, empfand ich von jeher auch das
Lebensfeindliche, den ingrimmigen, rachsüchtigen Wi-
derwillen gegen das Leben selbst: denn alles Leben
ruht auf Schein, Kunst, Täuschung, Optik, Nothwen-
digkeit des Perspektivischen und des Irrthums.«

Wenn man nicht aus einem christlichen Pfarrhaus
stammt, darf einem in diesem Frühwerk das Anti we-
niger wichtig sein als das Pro: und das heißt, daß das
Leben auf Schein ruht, auf Kunst, und daß auch alle
Moral und alle moralische Rechtfertigung der Welt
Kunst ist, Schein ist. Und es darf den Christen trösten,
daß da auch Religion unter Kunst subsumiert wird.
Also: »... nur als aesthetisches Phänomen ist das Da-

sein und die Welt ewig gerechtfertigt.« Den Schlußsatz
seines Buches läßt Nietzsche einen »greisen Athener«
sagen, den er mit »dem erhabenen Auge des Aeschy-
lus« ausstattet: »... wie viel mußte dies Volk leiden,
um so schön werden zu können!«

∽

Das Frühwerk, sagt Nietzsche, ist »aufgebaut aus lauter vorzeitigen übergrünen Selbsterlebnissen, welche
alle hart an der Schwelle des Mittheilbaren lagen, hin-
gestellt auf den Boden der Kunst – denn das Problem
der Wissenschaft kann nicht auf dem Boden der Wissenschaft erkannt werden ...«; das »verwegene Buch«
hat es gewagt, »die Wissenschaft unter der Optik des
Künstlers zu sehen, die Kunst aber unter der des Lebens«. Später hat er den römischen Satz, daß das
Leben der Wahrheit zu dienen habe, umgedreht in:
daß die Wahrheit dem Leben zu dienen habe. Und das
Leben ruht eben »auf Schein, Kunst, Täuschung, Optik, Notwendigkeit des Perspektivischen und des Irrthums«. Ist nicht auch Wittgenstein noch fortgesetz-
ter Sokrates? Und Sokrates ist das Antidionysische
schlechthin. Und das Dionysische ist nur ein Wort, in
dem sich alles, was nicht in förderlichen Sinn auflös-
bar ist, sammelt. Bocksgesang, und das heißt Tragödie.
Man könnte auch sagen: es ist immer die Antwort auf
nicht gelingende Geschichte. Zum Beispiel: Der »Pro-

metheus« von Aischylos. Prometheus hat die Menschen mit Fortschritt versehen, Vater Zeus bestraft ihn
dafür. Der Aischylos-Prometheus erreicht einen Grad
der Einsamkeit, des Schmerzes, der in keinem heutigen
Kunstwerk auch nur ahnbar ist. Und trotzdem verstehen wir diesen Extremisten der Wut und des Ge-
kränktseins sofort und Wort für Wort, bis zum Schlußsatz, bevor der Abgrund ihn verschlingt: »Seht, welch
Unrecht ich erdulde!« Die Geschichte, die dieses Unrecht kreiert, ist historischer Verlauf in mythischem
Material. Es ist die extremste Kampfansage gegen
Machtausübung, die ich kenne. Die Maßlosigkeit dieser Kampfansage, das sich Nichtfassenkönnen, der
unantastbare Eigensinn in aller Qual und Einsamkeit
produziert eine dionysische Frequenz.

Mehrere Vorreden
zur Verwaltung des Nichts

Es gibt kein richtiges Leben im falschen. Der Kultur-
philosoph drückt wortradikal aus, was jeder Bürger
und Kleinbürger empfindet, wenn er einem Geschmack
begegnet, der nicht der seine ist. Der kulturradikale
Satz meint nicht nur, daß man unter unseren Umständen keinen guten Geschmack mehr haben kann, er be-

zieht seine Radikalität auch von dem Widerspruch, daß man besitzen will, aber nicht mehr darf, also mit schlechtem Gewissen besitzt. Wenn das Zitat kritisch kursiert, bleibt von dem ohnehin wirklichkeitsarmen Gerechtigkeitsbedürfnis nur noch diese Formel übrig, die sich, dank ihrer heftig negativen Gestik, als Kritik einsetzen läßt. Ein Allgemeinplatz. Dafür ist nicht Adorno, sondern der jeweils Zitierende verantwortlich. Adorno ist allerdings haftbar zu machen für die wertende Zuspitzung auf ein richtiges Leben, das es im falschen nicht gebe. Warum wurde dieser Satz, der auch in ein kritisches Editorial von *Schöner wohnen* passen würde, so zum wahrhaft geflügelten Wort? Es muß die kritische, die negierende Potenz sein. Die vollkommene Absprechung einer Lebensmöglichkeit, ohne daß gesagt wird, was das richtige Leben wäre und was das falsche Leben ist. Also eine Passepartout-Kritik. Eine Formel für jede beliebige Verneinung. Adorno hat, wie es bei Kulturphilosophen üblich ist, etwas, was er für einen Sachverhalt hielt, gesellschaftskritisch bündig und radikal formuliert. Dann aber der unmäßige Gebrauch, den wir davon machen. Das kann heißen, wir sind kritisch gesinnt, verneinungslüstern aufgelegt, und dafür brauchen wir Sprache, deren wir uns bedienen können. Nicht zu vergessen: immer über beziehungsweise gegen andere. Wir brauchen die Negation. Ich vermute, wir spüren uns selber deutlicher, wenn wir einen anderen kritisieren. Einen anderen kritisierend steigern wir unser Selbstgefühl. Gerade hat ein Kritiker den Patron seiner Branche, Walter Benjamin, zitiert: Nur wer vernichten kann, kann kritisieren. Aber was fehlt uns eigentlich, daß wir das brauchen, dieses Absprechen, Verurteilen, Verneinen? Anstatt genau so unbeweisbar zu sagen: Es gibt kein falsches Leben im richtigen, sagen wir lieber: kein richtiges Leben im falschen. Zu Nietzsches Immerwiederkehrendem gehört es, daß das Leben nicht in richtig und falsch, wahr und unwahr zerschnitten werden soll, daß Verzichtleisten auf falsche Urteile ein Verzichtleisten auf Leben, eine Verneinung des Lebens wäre. Das lese ich gern, weil es schon einmal hilft, diese Richtig/Falsch-Einteilung zu schwächen. Mit zwei unmäßig ausführlichen Zitaten soll jetzt dokumentiert sein, wie Nietzsche selber verfährt, ganz unwillkürlich verfährt. Beide Zitate aus *Jenseits von Gut und Böse*, das erste Zitat beginnt auf S. 624, das zweite auf S. 646 (Ausgabe Karl Schlechta, Bd. II). Und dieses ziemlich direkte Aufeinanderfolgen gehört zum Augenöffnenden selbst.

Auf S. 624 heißt es: »Und die Starken zerbrechen, die großen Hoffnungen ankränkeln, das Glück in der Schönheit verdächtigen, alles Selbstherrliche, Männliche, Erobernde, Herrschsüchtige, alle Instinkte, welche dem höchsten und wohlgeratensten Typus ›Mensch‹

zu eigen sind, in Unsicherheit, Gewissens-Not, Selbst-
zerstörung umknicken, ja die ganze Liebe zum Irdi-
schen und zur Herrschaft über die Erde in Haß gegen
die Erde und das Irdische verkehren – *das* stellte sich
die Kirche zur Aufgabe und mußte es sich stellen, bis
für ihre Schätzung endlich ›Entweltlichung‹, ›Entsinn-
lichung‹ und ›höherer Mensch‹ in *ein* Gefühl zusam-
menschmolzen ... bis endlich eine verkleinerte, fast
lächerliche Art, ein Herdentier, etwas Gutwilliges,
Kränkliches und Mittelmäßiges herangezüchtet ist,
der heutige Europäer ...«

Und dann S. 646 ff: »Die lange Unfreiheit des Geistes, der mißtrauische Zwang in der Mitteilbarkeit der
Gedanken, die Zucht, welche sich der Denker aufer-
legte, innerhalb einer kirchlichen und höfischen Richt-
schnur oder unter aristotelischen Voraussetzungen zu
denken, der lange geistige Wille, alles, was geschieht,
nach einem christlichen Schema auszulegen und den
christlichen Gott in jedem Zufalle wiederzuentdecken
und zu rechtfertigen – all dies Gewaltsame, Willkür-
liche, Harte, Schauerliche, Widervernünftige hat sich
als das Mittel herausgestellt, durch welches dem europäischen Geiste seine Stärke, seine rücksichtslose Neu-
gierde und feine Beweglichkeit angezüchtet wurde ...
diese Tyrannei, diese Willkür, diese strenge und gran-
diose Dummheit hat den Geist erzogen ... Hiermit ist
auch ein Wink zur Erklärung jenes Paradoxons gege-

ben, warum gerade in der christlichsten Periode Europas und überhaupt erst unter dem Druck christlicher Werturteile der Geschlechtstrieb sich bis zur Liebe *(amour-passion)* sublimiert hat.«

Das darf man nicht referieren, das muß zitiert werden. Dann ist aber auch schon alles klar: Wer sich vor solchem Widerspruch hütet, der unterdrückt immer mindestens die Hälfte seines Denkens oder Wissens oder Seins. Der verfährt gegen sich selbst als ein Moralist, der uns, vielleicht um der Normierbarkeit seines Moralisierens willen, eine Konsequenz vorgaukelt, die die Freiheit unseres Geisteslebens auf Widerspruchsfreiheit reduziert. Und das ist von allen Freiheiten die unwichtigste.

Mir sind nicht die Inhalte dieser Nietzsche-Passagen wichtig, wohl aber sein Beispiel des So-und-soweit-Gehens. Sein Nichthaltmachen im Beweisbaren. Seine Nachgiebigkeit dem Verführerischen gegenüber. Also seine Bewegbarkeit. Keine erreichte Position verdient es, daß man sie feiere, als habe man sie angestrebt und jetzt sei man am Ziel. Wenn die Verwaltung des Nichts die unwillkürliche Bedingung des Denkens ist, dann gibt es immer nur jeweils etwas, aber nie mehr als jeweils etwas.

‿

Gibt es etwas Günstigeres für das Selbstbewußtsein
als die Empörung über einen anderen? Es ist sozusagen Futter für unsere Identität, nicht zu sein wie die,
an denen uns etwas mißfällt. Wir erleben den Unterschied und erleben dadurch ganz von selbst, also ohne
das bewußt zu konstatieren, daß wir richtig sind, so
wie wir sind, daß wir klug sind, schön sind, natürlich
auch gut sind. Daß man politisch korrekt ist, erlebt
sich wahrscheinlich am deutlichsten, wenn man einem
anderen nachweist, daß der das nicht ist. Und es wäre doch viel schöner, zustimmend zu sein, nein, nicht
viel schöner, sondern überhaupt schön kann nur das
Zustimmen sein, das Rühmen und Lieben und Feiern.
Das Absprechen und Kritisieren hat keine Schönheits-
Chance. Und doch ist die Negation in uns immer auf
der Lauer nach einer Gelegenheit, sich in Szene zu setzen. Könnten wir nicht in allem Geschaffenen, in allem Erscheinenden zuerst einmal eine Antwort auf das
Nichts oder hölderlinisch: eine Entgegnung auf nichts
sehen? Vielleicht könnten wir dann alles anders schätzen oder überhaupt erst schätzen lernen. Nietzsche,
dem der große Ideengründer Plato des öfteren auf die
Nerven ging, hat sich darüber gefreut, daß man unter
dem Kopfkissen von Platos Sterbebett keinerlei Bibel
fand, also, schreibt er, nichts Ägyptisches, Pythagore-
isches, Platonisches – sondern Aristophanes. Wie hätte
auch ein Plato das Leben ausgehalten – ein griechi-

sches Leben, zu dem er nein sagte – ohne einen Aristophanes! Also ohne einen vor kritischer Lust andauernd Platzenden.

∽

Adorno läßt den letzten Abschnitt der *Minima Mora-
lia*, die er »Reflexionen aus dem beschädigten Leben«
nennt, in die Erlösung münden. »Philosophie, wie sie
im Angesicht der Verzweiflung einzig noch zu verant-
worten ist, wäre der Versuch, alle Dinge so zu betrach-
ten, wie sie vom Standpunkt der Erlösung aus sich
darstellen.« Ich weiß nicht, ob Adorno selbst diesen
Standpunkt je hat einnehmen können. Aber immerhin
hat er seine durchaus kritische Weltbetrachtung mit diesem Hochsprung abgeschlossen. Eine in seinem Text
anachronistisch wirkende Gestik. Aber das hat er zuge-
lassen. Egal, ob wir noch erlösbar sind oder nicht, allein der Gebrauch des Wortes Erlösung ist wenigstens
eine Erlösung aus dem Richtig/Falsch-Dilemma. Und
was ihn zum Hochsprung befähigte oder nötigte, nennt
er Verzweiflung. Ich glaube nicht, daß jemand ihm diesen Erlösungssprung nachmacht, aber daß dieses Kom-
pendium kritischer Maßnahmen so bedürftig endet,
läßt sich lesen als ein Zeichen der Sehnsucht nach einem
Ausbruch aus der Routine des Verneinungsgehorsams.

∽

Nietzsche vermutet, Schopenhauer sei über der Frage: Wie ist Willensverneinung möglich? zum Philosophen geworden. Nietzsche selber schwärmt dagegen von einem, der nichts, was ist und war, verneint, sondern der unersättlich da capo ruft. Das meiste liegt ohnehin an den Wörtern. Sich der Wörter bewußt zu werden hilft viel. Einsamkeit, zum Beispiel. In Nietzsches Briefen ist es das Hauptwort schlechthin. Ist es ermeßbar, was dieses Wort wiegt, wieviel allein an ihm, an diesem Wort liegt? Anders gefragt: Gäbe es Einsamkeit, wenn wir das Wort nicht hätten? Sicher ist das Wort die Antwort auf eine Erfahrung. Und es ist aus dieser Erfahrung ein großes, ein schönes Wort geworden. Es sind auch blöde Wörter entstanden, ganz und gar unschöne, wie Belang, Beziehung, Bewertung. Aber Einsamkeit gehört zu den schöneren. Loneliness ist noch schöner. Solitude und soledad sind unserer Einsamkeit konstruktionsverwandt. Ein solches Wort wirkt auf das, was es sagen, was es ausdrücken soll. Das Wort produziert geradezu das, was es angeblich nur ausdrückt.

Einsamkeit, das ist schon ein Faltenwurf, ein Kostüm, ein Kothurn. Wer einsam wäre und hätte dieses Wort nicht, der wäre doch elend dran. Der würde tierisch leiden. Der wäre ausgeliefert. Der hätte nichts als dieses Unsägliche. Wahrscheinlich müßte er gehen, rennen, pfeifen, singen, schreien bis zur Erschöpfung. Aber es gibt das Wort, er hat das Wort. Sobald das

Wort Einsamkeit die Regie übernimmt, gehört der
Einsame wieder dazu. Das Wort empfinden heißt, die
Einsamkeit mitteilen. Sie ist zur Sprache gebracht. Du
hast deine Einsamkeit in der gloriosen Gesellschaft
der Einsamen. Du bist einsam wie Nietzsche und andere. Wenn es auch – das nebenbei – keinen gibt, der
einsamer gewesen sein kann als Nietzsche. Aber er hat
sie mitgeteilt, seine Einsamkeit. Zum Glück. Keiner
von uns kann Einsamkeit passieren lassen, ohne daß
sie ihm nahelegt, sie beim Wort zu nehmen. Ich bin
froh, daß es den Satz, das Dasein der Welt sei nur als
ästhetisches Phänomen gerechtfertigt, schon gibt. Mir
wäre der Satz lieber im Irrealis. Das Dasein der Welt
wäre nur als ästhetisches Phänomen gerechtfertigt.
Klingt doch auffordernder, wunschkräftiger.

Tagebuch 26.9.2003

In den Briefen erfährt man nie, ob Nietzsche je Wein
getrunken hat.

Die Stimmung, das Wissen, die Sprache, das Selbstbewußtsein

Noch einmal zurück zu der Erfahrung, daß Wissen auf mich weniger wirkt als Nichtwissen. Kierkegaard läßt Religiosität aufhören, »sobald die Ungewißheit die Form der Gewißheit ist«. Und der junge Nietzsche: »... eine Religion, die durch und durch wissenschaftlich erkannt werden soll, ist am Ende dieses Weges zugleich vernichtet.« Ich möchte am liebsten fortfahren: genau so geht es der Philosophie, der Literatur, der Kunst. Existenz ist das hier unentbehrliche Wort. Kierkegaard: »Durch direkte Mitteilung ließ es sich nicht machen, da sich diese immer nur zu einem Empfänger in Richtung auf sein Wissen, nicht wesentlich zu einem Existierenden verhält.«

Der junge Nietzsche beschreibt in seinem Aufsatz *Schopenhauer als Erzieher*, was dem Philosophen droht: »Frage: kann sich eigentlich ein Philosoph mit gutem Gewissen verpflichten, täglich etwas zu haben, was er lehrt? ... Muß er sich nicht den Anschein geben, mehr zu wissen, als er weiß? muß er nicht über Dinge vor einer unbekannten Zuhörerschaft reden, über welche er nur mit den nächsten Freunden ohne Gefahr reden dürfte? Und überhaupt: beraubt er sich nicht seiner herrlichsten Freiheit, seinem Genius zu folgen, wann dieser ruft und wohin dieser ruft? dadurch, daß er zu bestimmten Stunden öffentlich über Vorherbestimmtes zu denken verpflichtet ist. ... Wie wenn er nun gar eines Tages fühlte: heute kann ich nicht denken, es fällt mir nichts Gescheites ein, und trotzdem müßte er sich hinstellen und zu denken scheinen!« Also, in der schönen Vollmundigkeit des 19. Jahrhunderts: die »herrlichste Freiheit« sei die, daß einer »seinem Genius« folge. Diesen Genius hat jeder. Der spricht sich aber nicht in Vokabularen aus, sondern nur in der einem jeden eigenen Sprache. Die hat auch jeder, solange er diese »herrlichste Freiheit« nicht einem Hilfe versprechenden Vokabular unterwirft. »Seinem Genius« folgen, das ist das, was Novalis nannte, »in sich das zarte Wirken der Sprache zu vernehmen«, also eben nicht bei den Vokabularen unterzuschlüpfen. Die Sprache ist das am wenigsten Verfügbare. Es sei denn, man ist Herr einer Manier oder eines Vokabulars. Sonst entsteht sie allenfalls und auf nicht beherrschbare Weise dadurch, daß man es riskiert, sich ihr anzuvertrauen. Damit ich zum Beispiel eine Leseerfahrung kennenlerne, faßbar mache. Faßbar für mich selbst. Mein Selbstverständnis zu fördern. Je unwillkürlicher ich dabei verfahre, desto ergiebiger für mein Selbstverständnis. Glaube ich.

Meßmers Reisen

Von der nächsten Gruppe löste sich eine eher dicke
Frau – oder wirkte sie nur dick, weil sie in einen ganz
engen Anzug eingesperrt war? – und rief schon im
Näherkommen, sie werde das nächste Mal auch den
Auftragsblock mitbringen. Ihre Stimme war lauter als
alles, was bis jetzt im Raum hörbar geworden war.
Ella Farenthold, sagte sie zu mir, und Bruce Huber
fuhr fort: Wife of Spencer Farenthold, unser Mediä-
vist, den geniale Bastelarbeit abhält, an irgendeiner
Abendveranstaltung teilzunehmen. Danke, sagte Ella
Farenthold und ergänzte: Immobilienhandel. Und erklärt, der phantastische Boom des Immobilienhandels
sei der stürmischen Zunahme der Scheidungen zu verdanken. Während die auf dem Campus zwei Stunden
dahockten, um auf den sich verspätenden Guru Der-
rida zu warten, daß der dann seine Textanleihen aus
Heidegger, Nietzsche und Freud herunterflüstere, verkauft sie tract built homes.

∾

Von zuviel Reise abgewetzt, tauch ich den Kopf in den
Schaum der Einbildung. Fünf Herren bei mir im
Clairemont, ich auf dem Bett. Am hellen Tag. Die
Herren wirken, weil sie um mich herumstehen und zu
mir herabschauen, wie Ärzte. Richtiger: Wie meine

Ärzte. Wie meine um mich sehr besorgten Ärzte. Bruce, Stanley, Clarence Quale, Spencer Farenthold und sogar Dean Dine. Was für ein Aufwand, zwei Wochen vor dem Rückflug, sage ich. Und sie sagen, sie seien gekommen, weil ein Gerücht kursiere, sagend, daß ich gern noch eine Abendveranstaltung vorschlüge, gern noch einen Vortrag halten würde über Nietzsche. Warum, bitte, woher dieser Wunsch, über Nietzsche zu sprechen. Herbert!

Es klingt, als sprächen sie den Namen fünfstimmig aus. Comedian Harmonists also. Bitte, ich erklär's Ihnen gern. Ich bitte die Herrn aber zu bedenken, daß Amerika für mich immer schon die Welt war, in der sich Wünsche erfüllen. Nun zu diesem, meinem letzten Wunsch. Für diesmal. Ich habe mir immer schon gewünscht, eingeladen zu werden, ein Referat über Friedrich Nietzsche zu halten. Titel:

DER NIETZSCHE-REFERENT.

Viel mehr als diesen Wunsch und den Dank dafür, daß er mir jetzt erfüllt wird, hätte ich dann nicht vorzutragen. Aber allein über diesen Wunsch könnte ich lange sprechen. Noch ist es ja nicht mehr als ein Wunsch. Und der wird wahrscheinlich einer bleiben. Nur deshalb kann ich ja darüber sprechen. Kein Mensch wird mich je einladen, über Nietzsche zu sprechen. Ich bin kein Kenner, kein Fachmann und überhaupt kein Philosoph. Ich bin all das nicht, was ich gern wäre. Was aber ist einer, der all das, was er gern wäre, nicht ist? Darüber würde ich gern sprechen. Aber das geht nun wirklich nicht. Da wäre ja die Welt voller Referenten. Und sie ist heute schon voller davon, als gut ist. Ich muß allerdings sagen, der Wunsch, über Nietzsche zu sprechen, ist bei mir schon sehr alt. Ja, er ist sogar älter als ich. Mein Vater, der nun schon so lange tot ist, hat auf nichts so sehnlich gewartet wie auf die Einladung, über Nietzsche zu sprechen. Das ist ganz sicher. Ich habe ihn, weil er starb, als ich noch ein Kind war, so gut wie nicht gekannt, aber alles, was ich von ihm erfahre – und ich forsche ununterbrochen in allen Verbliebenheiten nach seinem nie bis zur Reife gediehenen Wesen –, alles beweist mir, daß er nichts lieber getan hätte, als über Nietzsche zu sprechen. Bitte, bedenken Sie, er war zehn Jahre alt, als Nietzsche starb. Und er muß schon in aller Kindlichkeit und Jugendlichkeit alles gespürt und eingeatmet haben, was in dieser Zeit aufbrach, aufbrach wie eine zu lang vernachlässigte Wunde. Ich übertreibe nur ein bißchen, wenn ich sage, mein Vater hätte über Nietzsche sprechen können, auch wenn er nie lesen gelernt hätte. Mein Vater hat alles mitgekriegt. Das ist ganz sicher. Natürlich konnte er den Wunsch, über Nietzsche sprechen zu wollen, nie aussprechen. Nicht, daß das als Anmaßung empfunden worden wäre, die Leute um ihn herum hätten gar nicht gewußt, was er will. Vielleicht hat mein Vater manchmal vor Leuten, von denen er wußte, daß sie den Namen Nietzsche noch nie gehört hatten, doch gesagt: Am liebsten würde ich einmal über Nietzsche sprechen. Ein bißchen komisch hat er sein dürfen. Das haben sie ihm erlaubt. Zu den Menschen, die den Namen Nietzsche nicht gehört haben konnten, gehörte, bis mein Vater diesen Namen vor ihr aussprach, auch meine Mutter. Ich habe keinen Beweis dafür, daß er vor meiner Mutter, zu meiner Mutter sagte: Ich möchte gerne einmal eingeladen werden, über Nietzsche zu sprechen. Ich bin aber ganz sicher, daß das vorgekommen ist. Er liebte meine Mutter, und dann stellte sich heraus, daß sie an dem Tag geboren worden war, an dem Nietzsche gestorben ist. 25. August 1900. Meine Mutter hat, als er das sagte, sicher genickt. Ihr blieb nichts anderes übrig, als zu dem, was er redete, zu nicken. Und viel Zeit hatte sie ja ohnehin nicht, da sie ihn praktisch ernähren mußte. Sie mußte ihn in sein Zimmer sperren. So stark war meine Mutter auch nicht, daß sie das Geschäft hätte retten können, wenn er mitgearbeitet hätte. Und wenn sie dann manchmal hereinkam und müde und erschöpft auf einen Stuhl sank, hat er sicher gesagt: Einmal über Nietzsche sprechen, das wär's. Dann hat sie genickt. Ich halte es für möglich, daß sie stolz auf ihn war, ohne daß sie wußte, warum. Ganz sicher war meine Mutter nie wütend, wenn mein Vater sagte, am liebsten würde er eben einmal über Nietzsche sprechen. Verzweifelt schon, aber wütend nie. Vielleicht hat sie ihre unternehmerische Arbeit auch dafür getan, daß er einmal über Nietzsche sprechen können sollte. Dazu ist es nicht gekommen. So alt ist also der gewissermaßen ererbte Wunsch. Vielleicht ist es verständlich, daß man ihn in Los Angeles unwillkürlich aufflackern sieht. Was ist nicht alles möglich in dieser Stadt! Daß es nicht möglich ist, mich einzuladen, hier über Nietzsche zu sprechen, versteht sich von selbst. Ich entschuldige mich dafür, daß ich diesen Wunsch nicht ganz und gar verbergen konnte. Sie sind aber auch viel zu sensibel! In Europa wird dieser Wunsch überhaupt nicht wahrgenommen, auch von Leuten nicht, die glauben, mich in- und auswendig zu kennen. Ich danke Ihnen. Mein Credo schlucke ich. Nietzsche ist die Fülle. Meine Herrn, die Fülle. Nichts als die Fülle.

Die fünf Herren verschwinden, wie sie gekommen sind: auf eine unmerkliche Art.

Trostlos wird dieses prächtige Zimmer durch das dumpfe Geräusch der Klimaanlage.

Hassen muß man können, dann mögen sie einen.

Jemand schüttelt meinen Kopf.

∽

HH am Kaffee-Automaten: German Quarterly will von ihr etwas über Nietzsche und Kafka. Das hat sie aber schon Studi Tedeschi in Rom versprochen. In diesem Aufsatz hat sie sich als Nietzsche-Laiin bezeichnet. Jetzt ist sie gespannt, wie die auf dieses understatement reagieren. HH hat, immer wenn sie zum Kaffee-Automaten kommt, Fahnen dabei, die sie gerade korrigieren muß.

Das Flugzeug flieht vor seinem Krach.

Der Augenblick der Liebe

Vor lauter Unterrichtenmüssen wird sie zu keinem eigenen Gedanken kommen. Gedankenflucht. Ihre Lieblingsbeschäftigung. Sich treiben lassen! Ferien! Fünfzehn Studenten sollten in fünf Ferienwochen das Pensum eines ganzen Semesters schaffen. Deutsch als Philosophensprache. Daß sie dann in Glen O. Rosennes Nietzsche-Kurs mitkämen. Sie wollte jedem Studenten so helfen, wie ihr dort auf der Terrasse geholfen worden war. Angeblich zweieinhalb Stunden lang. Zusammengeschnurrt auf einen Augenblick. Das Terrassenwunder. So wollte sie von jetzt an auf ihre Studenten wirken. Hegel geht ohne Aufhebung nicht, und aufheben ist süddeutsch, da heißt es, etwas bewahren, wozu ist sie bei Hegel daheim geboren, aber es heißt auch, etwas nicht liegen lassen, wo es bis jetzt lag, also sublate kann nur ein abstrakter Hauch sein von dem, was Hegel aufhebt, wenn er von Aufhebung spricht. Oder Nietzsches Gebrauch von Bosheit, Mitleiden, Weib, Aufklärung, Vornehmheit, Tugend und Höhe und Tiefe. Ferien! Als sie kurz vor Semesterende eher frivol durchs Ph. – D. – Qualifying Exam gestolpert war, hatte Professor Glen O. Rosenne die Dissertation angemahnt: Ende September die Gliederung, im Januar die Rohfassung der ersten drei Kapitel. Sie hatte, ohne triftigen Anlaß, hingeplaudert, die Arbeit werde acht Kapitel enthalten. Das hatte seinen Appetit gereizt. Und Rick Hardy, von allen Rosenne-Assistenten der dünnlippigste, hatte gegrinst und gesagt, er kenne Beate – wie die Beate herausquälten, weil sie vermeiden mußten, daß es nach beauty klang – Beate werde im Januar nicht drei, sondern sechs Kapitel liefern. Er wurde als Lizard gehandelt. Rick Hardy war nach der Prüfung mit ihr essen gegangen und hatte ihr seine Dissertation überreicht. Gedruckt. The Revolt as Part of Socialisation. Mit Widmung. You are of my kin. Ein anmaßendes, besitzergreifendes Kompliment. Und ever yours. Bei dem Händedruck, mit dem er ihr gratuliert hatte, hatte sie leise aufgeschrien. Obwohl man wußte, daß er immer seine ganze Kraft in den Händedruck legte, war man dann doch jedesmal wieder ganz unvorbereitet. Daß seine Frau ihn wieder betrogen hatte, erwähnte er nebenbei, wie er das ja jedesmal erwähnte, wenn man mit ihm allein war.

∽

Mit verheultem Gesicht zum Graduate Student Meeting. Und gleich wieder raus. Zu Rosenne. Bevor sie etwas von sich sagen kann, muß er mitteilen, daß er in seinem Nietzsche-Kurs mehr als 100 Studenten hat. Sie hat zum Glück die Sonnenbrille vor ihren verquollenen Augen. Aber Rosenne sagt dann, er werde helfen. Im Fakultäts-Casino zwei Martini Extra Dry. Ein Cheese-Burger. Rick Hardy kommt samt Tablett an ihren Tisch, benimmt sich demütig, wanzt sich richtig an, sie spürt, daß sie das brauchen kann. Bietet ihm an, ihn heimzufahren. Er hat ja, weil immer Elaine fuhr, nie einen Führerschein gemacht.

Mr. Krall durfte in der ersten Reihe neben Rick Hardy Platz nehmen. Professor Dr. Glen O. Rosenne eröffnete die erste La Mettrie-Tagung auf amerikanischem Boden mit einem Satzfragment La Mettrie's: Armez-vous du flambeau de l'Experience! Gottlieb fand, daß der Herr Professor den Rest des Satzes nicht hätte weglassen dürfen. In ihm ergänzte es sich automatisch: ... et vous ferez à la Nature l'Honneur qu'elle mérite. Aber dann hätte der Professor den Trompetenton nicht geschafft, den er für den Anfang brauchte. Sieh das, bitte, ein. Gottlieb sah's ein. Referenten aus fünf Ländern seien dazu erschienen, sagte der Professor. Und da Julian Offray de La Mettrie seit Diderot und immer noch anerkannt sei als der unanständigste Philosoph des 18. Jahrhunderts, sei es sicher kein Zufall, daß die Referenten eher aus katholischen als aus protestantischen Ländern kämen. Daß aber auch protestantische Gegenden aus ihrem Anstandsschatten heraustreten können, beweise das Gastgeberland, die USA.

Einen Satz des Professors notierte Gottlieb sofort und verbarg nicht, daß er das tat. Deutsch zitierte der Professor einen Satz von Nietzsche: Der Glaube an den Leib ist fundamentaler als der Glaube an die Seele: letzterer ist entstanden aus der unwissenschaftlichen Betrachtung der Agonien des Leibes (etwas, das ihn verläßt). Dann also, Herr Dr. Wendelin Krall. Sein Thema: Be adaequate. Bitte, Herr Dr. Krall.

Dein durch La Mettrie geschärftes Thema: Die Erziehung als Ausbildung zum Gefangenen. Von Anfang an war kein Mensch und keine Institution daran interessiert, dich zu dir selbst kommen zu lassen. Die Erziehung als Zumutung. Aber dann hast du angefangen, deine Erzieher zu betrügen. Du hast mehr als eine Persönlichkeit entwickelt. Das tut jeder. Keiner ist nur das, was die Erziehung aus ihm machen wollte. Wieviele Persönlichkeiten einer dann ausbildet, hängt davon ab, wieviele er zur Befriedigung seiner Bedürfnisse braucht. Ein paar Berufspersönlichkeiten und ein paar Privatpersönlichkeiten sind es allemal. Der Erfolg dieser Persönlichkeitenentwicklung hängt davon ab, wie sehr es dir gelingt, jede Persönlichkeit, wenn du sie brauchst, wenn sie also agiert, als deine einzige zu produzieren. Dazu mußt du jedesmal selber glauben, das jetzt seist du ganz und gar. Dann wird dir das auch von anderen geglaubt. Dieser mozartische Kettenzerbrecher hat dich auf nichts so deutlich hingewiesen wie auf deine Gefangenschaft. Also, dem Befreier La Mettrie gewidmet: du als der Gefangene. Du bist nichts so sehr wie der Gefangene. Von Anfang an. Was auch immer du an Fluchten geplant und ausgeführt hast, du bist ausgebrochen als der Gefangene, und wo du hinkamst, warst du der Gefangene auf der Flucht. Wessen Gefangener bist du denn? Auf jeden Fall erleidest du eine Daseinsminderung auf Schritt und Tritt, weil du nicht dein Leben lebst, sondern ein Gefangenenleben. Das ist geworden aus einem Erziehungsprogramm, dem man nichts Böses nachsagen kann. Du darfst dich für typisch halten. Andere, die du liebst, wieder andere, die du nicht liebst, kommen dir verwandt vor. Durch Erfahrung oder Schicksal. Ihr könnt euch in allem vergleichen, aber daß ihr Gefangene seid und wie sehr, das verschweigt ihr vor einander. Du bist jetzt immerhin so weit, daß du dir, sobald du dein Gefangensein verheimlichst, nichts mehr glaubst. Von allen Persönlichkeiten, die du hast entwickeln müssen, hat sich keine so übermäßig entwickelt wie die des Gefangenen. Daß du nicht sagen darfst, wessen Gefangener du bist, macht dich mundtot. Daß dir erlaubt ist, dich für frei zu halten, du aber von dieser Erlaubnis keinen Gebrauch machen kannst, macht dich vor dir selbst zum Feigling. Denen, die mit dir zu tun hatten, ist es gelungen, ohne Plan gelungen, ganz von selbst gelungen, dich zu einem Menschen zu machen, der von keiner angebotenen Freiheit Gebrauch machen kann. Er kann einfach nicht. Er ist ein Gefangener. Jeder Versuch, dich frei zu fühlen oder gar zu benehmen, mündete bis jetzt im Schuldgefühl. Das angeborene oder anerzogene Gewissen. Ob angeboren oder anerzogen, es ist die mächtigste, wachsamste, unerbittlichste, unbetrügbarste Regung, deren du fähig bist. Die Gegenwelt, deren Gefangener du von Anfang an bist, ist das Gute. Du kannst den Mund nicht aufmachen gegen das Gute, ohne dir schlecht vorzukommen. Du erkennst das, was als das Gute gilt und herrscht und es wahrscheinlich sogar ist, du erkennst es nicht an. Die Sprache, in der du das jetzt ausdrückst, ist eine Sklavensprache. Sie ist ein Signal. Verständlich, hoffst du denen, die auch in einer Gefangenschaft leben. Vielleicht ruft einer zurück. Oder viele rufen zurück. Illusion. Des Gefangenen. Daß das so ist, ist dir denkbar geworden durch den emsigen Umgang mit dem, der die Ketten des Vorurteils und der Schuldgefühle zerbrach. Julien Offray de La Mettrie. Der Umgang mit ihm wird fortgesetzt. Am 20. Mai 1887 schrieb Nietzsche an einen Freund: »Die Behauptung Plato's, daß man mit Massage sogar Gewissensbisse heilen könne, verdiente, erprobt zu werden.« Heureka!

Gottlieb sah und hörte und spürte, wie unvollständig Beate ihm diesen Rick Hardy geschildert hatte. Eine Stimme wie ein italienischer Tenor. Eine gelbe Lederweste, aus der ein weißer Rollkragen unmäßig herausquillt. Ein vorne aufknöpfbarer Rollkragen. Wahrscheinlich aus Seide oder feinster Baumwolle. Und diese Lachbereitschaft! Er lachte seinen eigenen Sätzen hinterher. I like your attempt to conceptualize your misère propre. Und lachte. Er wolle, sagte er, mit einem Zitat von T. S. Eliot beginnen. Bad poets copy, great poets steal. Er finde, Mr. Krall hätte stehlen sollen, nicht kopieren. Die Unlust des Auditoriums, sich zu Wort zu melden, müsse damit zu tun haben. Let me try to illuminate what Mr. Krall was trying to say. Und spezialisierte sich auf ein Wort: Schuldgefühle. Ein deutscher Intellektueller kommt an eine US-Elite-Universität und versucht unter dem Vorwand, er spreche über La Mettrie, den Deutschen einen Freispruch zu erschwindeln. Zweifellos sei der späte La Mettrie eine

Art Verführung zur Gewissenlosigkeit. Aber er hat aus allzu einsichtigen Gründen nicht daran gedacht, die Deutschen aus ihrer von ihnen selbst verschuldeten Schuld zu erlösen. Schluß mit Schuldgefühlen! Das aus dem Mund eines Deutschen! La Mettrie hat, als er die Menschheit von Schuldgefühlen befreien wollte, nicht an Völkermord gedacht, sondern an Ehebruch und dergleichen. Insofern ist der Coup, den ein konvertierter Altachtundsechziger hier zu landen versuchte, fast schon jenseits des akademisch Tolerierbaren. Massage gegen Gewissensbisse! Und das via Nietzsche! Wer Professor Rosennes Nietzsche-Vorlesung gehört habe, könne einen so unreflektierten Nietzsche-Gebrauch nicht ohne Gänsehaut zur Kenntnis nehmen. Sollte er in seinem Versuch, die Diskussion zu entfesseln, zu weit gegangen sein, bitte er um Widerlegung dessen, was er gesagt habe und was er allerdings unter allen Umständen sagen würde. Kräftiger Beifall.

Das war eine vorbereitete, geplante, vielleicht sogar mit dem Professor abgesprochene Diskussionseröffnung.

Angstblüte

Ich bin in einer Gefahr, sagte er.

Und sie: Zahlst du mit Karte oder zahlst du bar.

Und er: Ich lasse mich ablenken von mir.

Und sie: Ich hab heut Geburtstag, gratulier!

Er sprang auf. Ich wünsch dir, daß du alles wirst, was du bist, sagte er.

Das klingt wie Nietzsche persönlich, sagte sie.

Soll mir recht sein, sagte er und kniete neben sie und zog ihren Kopf zu sich und küßte sie sozusagen feierlich. Und setzte sich zurück in sein schlankes Sesselchen.

∽

Die Utopie aller Utopien: Von uns sollte nichts bleiben als unsere Träume. Ungedeutet. Sie sind unser Deutlichstes. Mein letzter Traum, gestern nacht: Mein 80. Geburtstag steht bevor. Eingeladen habe ich Dostojewski, Hölderlin, Bruckner, Karl May, Nietzsche, Bismarck, Franz Kafka und Silvia Plath. Franz Kafka hat abgesagt. Ich seh einem harmonischen Fest entgegen. Das Fest stand bevor. Kam nicht näher. Ein stehengebliebener Film. Atemlos.

∽

Momentino, rief Herr Babenberg, sprang auf und ging hin und her, als wolle er vermeiden, unbeherrscht zu reagieren. Dafür, daß er so groß und langbeinig war, machte er recht kleine Schritte. Er bremste sich. Also bitte, sagte er dann und sagte es nicht zu Karl von Kahn hin, sondern in den Raum hinein, also bitte, Pathos darf sein. Jeder ist auf einer Wallfahrt zu einem, zu seinem Heiligen. Unser Diego zu seinem gelenkigen Voltaire, Sie zu Ihrem findigen Warren Buffet und Markus Luzius Babenberg ist, solange er noch beten konnte, Friedrich Nietzsche nachgereist, hat fromm alle seine Adressen abgeklappert, die Türklinken in der Hand behalten, weil sie aussahen, als seien sie's noch. Ihn berührt, was er berührt. Er ist ein Berührer. Er läßt jedem seinen Hausheiligen. Für ihn waren möglich nur Dostojewski und Nietzsche. Die Sprache hat's entschieden. Aber er war nicht in Turin. Glücksfund, hat Nietzsche Turin genannt. Ein Ort, den man nicht verläßt. Er, Babenberg, hat die letzte Adresse, Via Carlo Alberto 6, dritter Stock, nicht geschafft, und von da aus hat Nietzsche den Plazzo Carignano gesehen, und er, Markus Luzius Babenberg, hat es nicht geschafft, die piazza Carlo Alberto zu betreten, das Pflaster der Katastrophe, das Nietzsche-Golgatha, der Gekreuzigte war ja dann er, aber jetzt …

Herr Babenberg wandte sich Karl von Kahn zu.

Kritik oder Zustimmung
oder Geistesgegenwart

Geistesgegenwart ist überhaupt die beste Übersetzung
für das verschwiegenere Wort Transzendentalität. Zur
kurz und bündigen Empfehlung der geistesgegenwär-
tig tendierenden Ausdrucksweise gestatte ich mir eine
Abschweifung ins Historische, damit das Geistesgegen-
wärtige oder Transzendentale endlich ganz einfach
als solches erscheine. Goethe hat, teilt Nietzsche mit,
Lawrence Sterne, den Autor des Romans *A Sentimen-
tal Journey*, den freiesten Geist des Jahrhunderts genannt. Nietzsche nennt ihn dann gleich den »freiesten
Schriftsteller aller Zeiten«. Und warum das? Ich sum-
miere: Sterne sei »der große Meister der Zweideutig-
keit«, der Leser, »der jederzeit genau wissen will, was
Sterne eigentlich über eine Sache denkt, ob er bei ihr
ein ernsthaftes oder lächelndes Gesicht macht«, dieser
Leser sei bei Sterne »verloren zu geben«. Sterne ver-
stehe es und wolle es sogar, »zugleich recht und unrecht zu haben«, so bringe er »bei dem rechten Leser
ein Gefühl von Unsicherheit darüber hervor, ob man
gehe, stehe, oder liege: ein Gefühl, welches dem des
Schwebens am verwandtesten ist«. Nietzsche nennt,
was Sterne tut, ein »Humoristischnehmen des Humors«. Womit er uns erlaubt, Sterne als Transzenden-
talisten zu sehen. Er nennt ihn dann den »eigentlich

unvorbildlichen Autor«. Und das eben, weil Sterne in allem, was er schreibt, nicht so tut, als sei das, was er da schreibt, die Wahrheit oder das Richtige oder das Gute. Uneindeutigkeit als Folge der andauernden Aufhebung des Geschriebenen durch sein Gegenteil. Das Humoristischnehmen des Humors. Man könnte sagen: Nicht einmal den Humor nimmt der ernst. Soviel über Lawrence Sterne, Nietzsche und Goethe. So wird einer durch Uneindeutigkeit zum freiesten Geist eines Jahrhunderts beziehungsweise aller Zeiten.

Der unsterbliche Leser

Ich bin immer in einem Buch. Abgesehen von dem aktuell nötig werdenden Lesen habe ich immer über lange Zeit hin einen Autor, den ich abends oder im Zug lese. Zur Zeit ist das wieder Dostojewski. Vor ihm war es Nietzsche. Vielleicht pendle ich jetzt noch lange zwischen diesen beiden hin und her. Nietzsche hat Dostojewski gelesen. In französischer Übersetzung. Ich war von Anfang an ein Leser und bin es geblieben.

Alle politischen Sprachen, die ich gehört habe, haben mich um so mehr interessiert, je mehr eine Person dar-

in zum Ausdruck kam und nicht eine Idee, eine Ideologie, ein -ismus. Ich könnte auch sagen, je mehr eine
Existenz zum Ausdruck kam. Ich habe nebeneinander
zu lesen versucht Marx und Kierkegaard, beide ja
Söhne des einen Hegel. Marx blieb, glaube ich, wegen
seiner Positivität bei mir eher folgenlos. Kierkegaard
wegen seiner Negativität hat, hoffe ich, in mir zu wirken nicht aufgehört. Existenz ist das Fremdwort, das
unentbehrliche. Kierkegaard: »Durch direkte Mitteilung ließ es sich nicht machen, da sich diese immer nur
zu einem Empfänger in Richtung auf sein Wissen,
nicht wesentlich zu einem Existierenden verhält.«
Kierkegaard klagt, daß wir zuviel zu wissen bekom-
men haben und zuwenig damit anfangen. Deshalb hat
ihm, für sich, die direkte Mitteilung, etwa als Wissens-
vermittlung, nicht genügt. »Mein eigentümliches Ver-
fahren«, sagt Kierkegaard, »… liegt … in der Gegen-
sätzlichkeitsform der Mitteilung …« Dazu gehört,
daß man sich nicht an einen anderen wenden kann,
um ihn anzusprechen, aufzuklären, die Welt zu verbessern. Die Brauchbarkeit eines Textes für einen anderen läßt sich nicht beabsichtigen. Schriftsteller, die die
Welt direkt verbessern wollen, nennt Kierkegaard
»Prämissenschriftsteller«. Da direkte Mitteilung unserem Dasein nicht entspricht, und zwar wegen der
Inkommensurabilität von innen und außen, Endlich-
keit und Unendlichkeit usw., deshalb bleibt nur die

indirekte Mitteilung, die ihrerseits – das stellt Kierkegaard ausdrücklich fest – auch kein direktes Verständnis erlaubt. In aller Kürze und Mißverständlichkeit: Ein Text kann sich uns mitteilen, ohne daß wir ihn rational verstehen. Sonst gäbe es ja auch keine Musik. Ich gebe zu, daß ich hier, was Kierkegaard auf das Religiöse bezog, auf unser ganzes Dasein beziehe, daß ich also zwischen der Sprache Hölderlins und der Sprache Kierkegaards keinen Unterschied mache. Ich lasse also die Feinheit der Kierkegaardischen Stadien außer Betracht und legitimiere dieses Zusammenfließenlassen der religiösen Sprache mit unseren säkularisierten, oft noch zur Unterhaltung verpflichteten Ausdruckssprachen durch eine Feststellung Nietzsches, die besagt, daß die Religion »bei früheren Menschen die höchste Gattung von Unterhaltungskunst abgegeben hat«. Und sage dazu mit einem Blick auf Hollywood: nicht nur früher. Am liebsten würde ich die Wirkungen aller direkten dienstleistenden Sprachen auf mich in eine Frage fassen: Was bleibt denn von einem Gedanken, der bewiesen wird? Oder auch: Was von einem Traum, der gedeutet wird? Beim Traum ist das besonders kraß: Wenn es mir gelingt, einen Traum zu einem nicht ausrechenbaren Teil in Sprache wiederzugeben, ihn also festzuhalten, dann ist das schon eine zerstörerische Aktion. Aber wenn ich ihn dann auch noch, um ihn sozusagen zu verstehen, einer ihn deu-

ten wollenden Sekundärsprache aussetze, dann ist er
hin. Am liebsten würde ich sagen: Etwas Bewiesenes
erlischt in dem Augenblick, in dem es bewiesen ist. Es
fordert nur zum Jasagen auf. Zur Unterwerfung. So ist
es, sollen wir sagen, Sie haben recht. Dagegen findet
unser Dasein doch statt in einer unendlichen Folge
von Augenblicken, Stimmungen, die sich eben nicht in
ja oder nein spalten lassen.

Propaganda für ein Laster

Es tut einem gut, wenn man, ohne darüber nachzu-
denken, zu wissen glaubt, es gebe auch Laster, die man
nicht hat. So ging es mir all die Jahre mit dem Neid.
Ich war ganz sicher, daß Neid in mir keinen Platz finde. Jetzt bin ich nicht mehr so sicher. Schon länger. In
Kalifornien merkte ich, daß ich auf Leute neidisch war,
die immer in Kalifornien leben. Das ist ein harmloses
Beispiel. Es gibt harmvollere. Ich werde mich hüten,
sie jetzt schon zu nennen. Nicht, solang der Neid einen so schlechten Ruf hat. Der Neid ist bis jetzt das
einzige Laster ohne Charme. Der Geiz hat es wenigstens zu einer Art Dämonie gebracht. Von anderen
Lastern und Lüsten gar nicht zu reden. Aber der

blanke gelbe bittere Neid hat sich von dem Urteil, das der christliche Katechismus über ihn verhängt hat, nicht erholt. Nietzsche erwähnt noch die griechische Einschätzung des Neides. Das scheint eine dem Ehrgeiz verwandte Empfindung gewesen zu sein. Man beneidet einen, will es ihm nachtun. Wenn alle Hoffnung ruiniert ist, wird man von einer anderen Sorte Neid befallen, die, nach Nietzsche, die »Welt-Vernichter« beseelt: »weil ich etwas nicht haben kann, soll alle Welt nichts haben!« Man sieht an dieser Formulierung, den Neid hat auch dieser große Umwerter nicht umgewertet. In der Weltliteratur gibt es sympathische Helden für jedes Laster, nur nicht für den Neid. Nietzsche nennt diese Empfindung vollkommener Aussichtslosigkeit und die daraus entstehende Lust an einem großen allgemeinen Kaputtgehen, diesen »Gipfel des Neides« nennt er ein »abscheuliches Gefühl«. So ein positiver und heller Mann war noch der Herr Nietzsche. Ich würde mich ganz unmöglich machen, wenn ich nach Strich und Faden zugäbe, auf was alles ich neidisch bin. Angeblich hat der Neid seinen Sitz unterm rechten Rippenbogen, wo die Melancholie ihre schwarzgelben Flüsse schiebt. Gelb wirst du, wenn nichts mehr läuft. Bei dir. Stauungsikterus.

Ich gebe zu, daß ich, wenn ich je bemerkte, daß jemand drauf und dran war, mich zu beneiden, sofort mein ganzes Schicksal so lange herunterspielte, bis ich merkte, daß er sich wieder entspannte. Beneidet zu werden ist mir viel peinlicher als zu beneiden. Ich möchte jetzt zur Umwertung aufrufen. Beneidenswerte sind schrecklicher als Neidige. Neid grenzt an Liebe. Der Neidische bewundert, verehrt, liebt so sehr, daß er sein möchte wie der oder die, die er bewundert, verehrt, liebt.

Zu dieser Ausgabe

Martin Walser, geboren 1927 in Wasserburg am Bodensee, hat, wie er in seinem Tagebuch notiert, gelegentlich ein »gestörtes Verhältnis zur Realität«, die ihn umgibt. Um so vertrauter und verläßlicher dagegen ist sein Verhältnis zur Literatur: Hölderlin, Kleist, Heine und Kafka zählen zu den erlebbaren und geistesgegenwärtigen Autoren, denen sich Walser besonders nahe fühlt, die seine Arbeit begleiten und die sein Schreiben von allem Anfang an durchdringen. Goethe wird ihm spät noch zum Thema ausführlicher Auseinandersetzung. Friedrich Nietzsche aber ist der Autor, der sich in Walsers Texte von *Halbzeit* (1960) über *Jenseits der Liebe* (1976), *Ein fliehendes Pferd* (1978) bis hin zu *Brandung* (1985) und der *Verteidigung der Kindheit* (1991) gleichsam eingeschlichen zu haben scheint, weil er brauchbar ist, für Walser, für seine Romanfiguren.

Nachweise

Halbzeit, Frankfurt: Suhrkamp, 1960. – »Ironie als höchstes Lebensmittel oder: Lebensmittel der Höchsten«, in: *Die Zeit*, Nr. 25 (1975). – *Jenseits der Liebe*, Frankfurt: Suhrkamp, 1976. – »Über den Leser – soviel man in einem Festzelt darüber sagen kann«, Frankfurt: Suhrkamp, 1979. – *Ein fliehendes Pferd*, Frankfurt: Suhrkamp, 1978. – »Höchste Schule«, Sigmaringen: Thorbecke, 1981. – »Heines Tränen«, Frankfurt: Suhrkamp, 1983. – »Selbstbewußtsein und Ironie«, Frankfurt: Suhrkamp, 1981. – *Brief an Lord Liszt*, Frankfurt: Suhrkamp, 1982. – »Was ist ein Klassiker?«, Frankfurt: Dt. Klassiker Verlag, 1985. – *Brandung*, Frankfurt: Suhrkamp, 1985. – »Über Deutschland reden«, Frankfurt: Suhrkamp, 1988. – *Die Verteidigung der Kindheit*, Frankfurt: Suhrkamp, 1991. »Triumphieren nicht gelernt«, in: *Der Spiegel*, Ausg. 41 (1990). »Des Lesers Selbstverständnis«, Frankfurt: Suhrkamp, 1994. – »Über freie und unfreie Rede«, Frankfurt: Suhrkamp, 1994. – »Die unlautere Gewalt«, 1994 (noch nicht veröffentlicht). – »Umgang mit Hölderlin und darüber reden«, Frankfurt: Insel Verlag, 1997. – »Die Geburt der Tragödie aus dem Geist des Gehorsams«, Frankfurt: Suhrkamp, 1997. – *Kaschmir in Parching*, Frankfurt: Suhrkamp, 1997. – *Ein springender Brunnen*, Frankfurt: Suhrkamp, 1998. – »Ich vertraue. Querfeldein«, Frankfurt: Suhrkamp, 1998. – *Über die Schüchternheit*, Eggingen: Edition Isele, 1999. – »Ein Lebenskunstwerk«, Reinbek: Rowohlt, 2004. – »Streicheln und Kratzen«, in: *Der Spiegel,* Ausg. 33 (2001). – »Die Aktualität des Daseins«, 2001 (noch nicht veröffentlicht). – »Trifft ein Dichter eine Talkshowlady«, Doppelinterview Maybritt Illner / Martin Walser. In: *Bunte*, Ausg. 13 (2002). – »Über ein Geschichtsgefühl«, Reinbek: Rowohlt, 2004. – *Tod eines Kritikers*, Frankfurt: Suhrkamp, 2002. – »Das menschliche Ermessen«, Reinbek: Rowohlt, 2004. – »Mehrere Vorreden zur Verwaltung des Nichts«, Reinbek: Rowohlt, 2004. – »Die Stimmung, das Wissen, die Sprache, das Selbstbewußtsein«, Reinbek: Rowohlt, 2004. – *Meßmers Reisen*, Frankfurt: Suhrkamp, 2003. – *Der Augenblick der Liebe*, Reinbek: Rowohlt, 2004. –

Angstblüte, Reinbek: Rowohlt, 2006. – »Kritik oder Zustimmung oder Geistesgegenwart«, Berlin: Berlin University Press, 2008. – »Der unsterbliche Leser« (noch nicht veröffentlicht). – »Propaganda für ein Laster« (noch nicht veröffentlicht). – Die Tagebucheinträge stammen aus *Leben und Schreiben* von Martin Walser, Reinbek: Rowohlt, 2005, 2007 und 2010.